부동산 매도의 기술

부동산을 싸게 사고 비싸게 파는 법

부동산 매도의 기술

부동산을 가장 싸게 사고 비싸게 파는 법

초판 1쇄   2024년 6월 28일

지 은 이   유재황
교   정   정민제
펴 낸 곳   선비북스
디 자 인   김보경
주   소   서울특별시 마포구 양화로 133 서교타워 809호
대표전화   02-338-0055
팩   스   0504-325-8598
출판등록   제 2021-000035호
이 메 일   sunbeebooks@naver.com

ISBN 979-11-91534-89-4

부동산 매도의 기술

the art of selling real estate

부동산을 가장 싸게 사고 비싸게 파는 법

유재황 지음

선비북스

왜 매도자를 위한
책은 없지?

시중에 나와 있는 부동산 관련 책들을 살펴보면, 대부분 부동산 매수자를 위한 책들로 채워져 있습니다. 매도자를 위한 자료는 상대적으로 드물죠. 이는 매도자의 관심사가 덜 주목받고 있다는 것을 의미합니다. 이는 부동산 시장의 정보 비대칭성을 간접적으로 보여줍니다. 매수자는 부동산 투자에 도움이 되는 많은 정보를 수집할 수 있지만, 매도자는 자신의 상황에 맞는 정보를 얻기 쉽지 않습니다. 하지만, 우리는 잘 알고 있습니다. 부동산을 사는 것만큼 잘 파는 것 역시 중요하다는 사실을 말이죠. 그렇다면, 왜 부동산 매도자를 위한 책이 많지 않을까요?

첫째, 부동산 시장은 대체로 매수인, 즉 부동산 구매자의 입장에서 작동합니다. 부동산 시장의 정보, 광고 그리고 서비스가 대부분 구매자의 관점과 필요를 충족시키기 위해 제공되는 경우가 많습니다. 예를 들어, 부동산 광고나 설명회는 주로 매수인을 대상으로 진행되는 한편, 매도자의 입장이나 필요는 상대적으로 덜 강조됩니다. 부동산 중개 서비스도 마찬가지입니다. 부동산 거래가 결국 이뤄지기 위해서는 매도자의 의사보다는 가장 먼저 매수자의 의견이 우선시됩니다. 매수자가 매도자에 비해 가격 결정권이 더 강하기 때문이죠.

둘째, 부동산 매수인에게 가격결정권이 집중되다 보니, 매도인에 대한 사회적 인식과 중개사들의 관심 또한 매수인에 비해 떨어집니다. 매수인을 대상으로 한 교육 자료와 서비스는 많지만, 매도인을 대상으로 한 교육 및 서비스는 그리 많지 않습니다. 이처럼 부동산 출판 및 교육시장에서는 부동산 매도인보다는 매수인에 편중된 정보를 주로 유통해 왔습니다. 하지만, 부동산을 사는 것뿐만 아니라 파는 행위 역시 굉장히 중요합니다. 부동산 매도인에게도 맞춤형 부동산 정보와 지식 및 노하우 정보가 필요합니다.

<부동산 매도의 기술>은 그동안 소외되어왔던 부동산 매도인의 입장에서 작성된 책입니다. 부동산 매도인들이 집을 팔 때 고려해야 할 구체적이고 실무적인 정보 및 노하우를 제공하고자 합니다.

저자는 시장 분석, 가격 책정, 홍보 전략 등 매도 과정에서 필요한 정보를 체계적으로 설명합니다. 이를 통해, 매도인들이 더욱 유리한 조건으로 거래를 성사시킬 수 있도록 실질적인 도움을 주고자 합니다. 더불어 이 책을 통해 매도인이 겪을 수 있는 다양한 상황과 문제들에 대한 해결책을 제시하여 부동산 매도 과정을 더욱 수월하게 만들어 줄 것으로 기대합니다.

사실 부동산을 매수할 때보다 부동산 매도할 때 고려해야 하는 부분이 많습니다. 매도 과정은 단순히 구매자를 찾고 가격을 협상하는 것을 넘어서, 매매기간 설정 및 심리적 스트레스 관리와 매도전략을 아우르는 복잡한 과정입니다. 매도인은 시장 동향을 정확히 파악하고, 적절한 매매 시기를 결정해야 하며, 이는 종종 심리적 부담을 동반합니다. 또한, 매도인은 자신의 부동산을 최적의 조건으로 판매하기 위해 효과적인 마케팅 전략을 수립하고, 잠재 구매자들에게 매력적으로 부동산을 제시하는 방법을 고안해야 합니다.

또한, 매도 과정 중에 발생할 수 있는 다양한 현실적 요구사항과 세금 문제에 대해서도 충분히 이해하고 준비해야 합니다. 매도자는 수리 및 유지 관리를 필수적으로 진행해야만 비로소 시장에 집을 내놓을 수 있습니다. 부동산의 가치를 올려 잠재 매수인들에게 좋은 첫인상을 주는 것은 이제 선택이 아닌 필수입니다. 더불어, 매도 과정에서 발생할 수 있는 세금 문제에 대한 명확한 이해 또한 필요합니다. 자본 이득세, 양도소득세, 그리고 기타 관련 세금의 계산과 납부는 매도인의 책임이며, 이에 대해 명확한 이해를 해야만 원할하게 매도를 할 수 있습니다. 이처럼 매도자가 고려해야 할 사항은 광범위하며, 이 모든 과정을 통해 최종적으로 성공적인 판매를 이끌어내기 위해서는 체계적인 준비와 전략이 필수적입니다.

<부동산 매도의 기술>이 그동안 맞춤형 정보와 노하우에 목말랐던 부동산 매도자들의 갈증 해결에 조금이나마 도움이 되었으면 좋겠습니다. 이 책은 부동산 매도 과정의 모든 단계를 상세히 다루며, 매도자가 시장에서 유리한 위치를 차지할 수 있도록 실질적인 조언과 전략을 제공합니다. 가격 책정부터 집의 상태 준비, 효과적인 마케팅 전략, 매도 절차 이해, 그리고 협상 기술에 이르기까지. 매도자가 알아야 할 필수 정보를 체계적으로 정리하였습니다.

참고로 이 책에서 언급하는 부동산은 주택을 의미합니다. 특히 대중성이 높은 아파트를 주로 의미합니다. 아파트는 시장에서 가장 널리 거래되고, 많은 사람들이 선호하는 주거 형태이기 때문입니다. 또한, 때때로 빌라나 전원주택도 의미할 수도 있습니다. 이때

는 별도로 빌라와 전원주택임을 명시하였습니다. 다양한 유형의 주택 매도에 구체적인 정보 및 노하우를 제공함으로써, 다양한 매도자의 요구와 상황에 맞는 실질적인 도움이 되길 바랍니다.

차례

3장. 더 빨리 파는 법

4장. 더 비싸게 파는 법

1장

왜 내 집만
안 팔릴까?

1

내 집 무엇이 문제일까?

    살다 보면, 집을 팔아야 하는 순간들이 찾아옵니다. 인생을 살아가면서 누구나 한번쯤 겪게 되는 상황, 즉 자신의 집을 매매해야 하는 상황이 생길 수 있죠. 이런 상황은 다양한 이유로 인해 발생할 수 있습니다. 특히 금전적 이유, 이사 및 취업 등 생활 환경 변화가 주요 원인입니다. 그런데 집을 시장에 내놓았을 때, 바로 이때 문제가 발생합니다. 내 집에 대한 시장의 관심이 내 기대에 미치지 못하는 것이죠. 실제 매도자의 기대와 달리 구매 문의가 많지 않을 가능성이 큽니다. 특히 최근 부동산 시장이 하락세를 보일 때는 이러한 현상이 더욱 두드러질 수 있습니다. 이로 인해 판매자는 자연스레 "왜 내 집만 안 팔릴까?"라는 의문에 직면하게 됩니다. 시장의 현실과 자신의 기대 사이에 큰 괴리가 생기는 것이죠.

내 집은 왜 팔리지 않는지 이해하려면, 먼저 우리는 자신의 집에 대한 인식을 재검토해야 합니다. 많은 사람들이 자신의 집을 판매할 때, 단순히 중개사무소에 맡기기만 하면 누군가가 구매할 것이라는 막연한 기대를 갖곤 합니다. 우리는 이런 생각이 주택 매매과정에서 심각한 방해 요소가 될 수 있음을 인식해야 합니다. 실제로 주택을 판매하려면, 예상보다 더 많은 노력이 요구됩니다.

주택 판매를 위해선 단순히 매물로 등록하는 것을 넘어서, 적극적인 마케팅 전략과 구매자의 관심을 끌 수 있는 방법을 고민해야만 합니다. 또한, 시장의 동향을 주시하며 가격 조정도 신속하게 이루어져야 합니다. 이 과정에서 주택의 매력을 최대한 부각시키기 위한 준비도 중요한 요소입니다. 이처럼 주택 판매는 단순한 과정이 아니라, 다양한 요소를 고려해야 하는 복합적인 작업임을 잊지 말아야 합니다.

여기서 잠깐, 내 집이 아닌 내 차를 중고로 판매할 때 우리가 어떻게 하는지 살펴볼까요? 중고 자동차 매매시장에 나온 자동차를 팔 때, 딜러들은 우리는 구매자의 눈길을 끌기 위해 여러 조치를 합니다. 자동차를 시장에 내놓기 전에 세차를 하고 내부를 철저히 청소하여 차량의 상태를 최상으로 만들려고 노력하는 것이죠. 작은 기계적 문제가 있을 경우에는 이를 수리하여 구매자에게 차량의 상태를 보증합니다. 이와 같은 세심한 준비를 통해 딜러는 차량의 매력을 높여 판매가치를 높이는 것이죠. 차량의 매력을 극대화하기 위한 이러한 노력은 판매 과정을 용이하게 하며, 구매자로 하여금 긍정적인 결정을 내리게 만듭니다.

그런데, 집을 판매할 때는 이와 같은 노력을 소홀히 하는 경향이 있습니다. 부동산 중개사가 집의 가치를 높이기 위한 모든 조치를 취해 주기를 기대하지만, 이는 현실적으로 불가능한 경우가 많습니다. 아이러니한 부분이죠. 이러한 상황은 집을 단순히 생활 공간으로만 인식하고, 그 가치를 극대화하기 위해 필요한 노력을 소홀히 하는 경향에서 비롯될 수 있습니다. 집을 판매하는 과정에서도 마치 중고차를 판매할 때처럼 구매자의 눈길을 사로잡을 수 있는 다양한 방법을 고려해야만 합니다.

먼저, 집을 판매하려면 부동산 매도인으로서의 인식 전환이 필요합니다. 이는 자신이 소유한 부동산을 단순히 '집'이라고 생각하는 것에서 벗어나, 시장에서 경쟁할 수 있는 '상품'으로 바라보는 관점의 변화를 의미합니다. 이러한 전환은 판매 과정을 전략적으로 접근하는 기초가 됩니다. 즉, 매도인은 자신의 집을 구매자의 눈으로 바라보며, 집의 가치를 최대화할 수 있는 요소들에 집중해야 합니다.

집을 판매하는 과정에서 매도인이 취해야 하는 가장 중요한 접근 방식 중 하나는 집의 장점을 적극적으로 강조하고, 가능한 한 단점을 최소화하는 것입니다. 이러한 접근은 부동산 판매자의 인식 전환을 요구하며, 단순히 집을 시장에 내놓는 것 이상의 노력을 필요로 합니다. 집의 가치를 최대화하기 위해서는 집의 매력적인 요소를 부각시키고, 필요한 경우 개선 작업을 통해 그 가치를 더욱 높일 수 있습니다. 이 과정은 매도인으로 하여금 보다 적극적이고 전략적인 방식으로 주택 판매에 접근하도록 돕습니다. 집의 장점을 강조하는 것은 구매자의 관심을 끌고, 그들이 집에 대해 긍정적인 인상을 갖도록 하는 핵심 요소입니다. 동시에, 집의 단점을 개선하거나 최소화함으로써, 구매자가 가능한 문제에 대해 걱정할 여지를 줄일 수 있습니다.

이러한 인식 전환을 통해 올바른 목표 고객을 설정할 수 있습니다. 모든 집은 그 자체로 독특한 특성을 가지고 있으며, 이는 장점과 단점의 형태로 나타납니다. 판매자로서는 이러한 특성을 명확히 이해하고, 이를 바탕으로 집을 누구에게 판매할 것인지를 결정하는 것이 중요합니다. 즉, 집의 장점을 적극적으로 강조하고, 가능한 단점은 개선하거나 적절히 관리함으로써, 특정 구매자층에게 매력적으로 다가갈 수 있습니다. 예를 들어, 가족 단위의 구매자를 목표로 한다면, 안전한 주변 환경, 학교의 접근성,넓은 거실 공간 등을 강조할 수 있습니다. 반면, 젊은 매수인을 대상으로 한다면, 교통 편의성, 현대적인 디자인, 방범 안전 등 같은 요소가 더욱 중요할 수 있습니다.

나아가 내 집의 브랜딩과 마케팅 전략을 세우는 것이 필요합니다. 집의 독특한 특성과 가치를 부각시켜 잠재 구매자들에게 호소력을 갖게 만드는 전략적 접근입니다. 브랜딩은 집의 개성과 매력을 정의하고, 이를 통해 구매자의 감성에 호소하는 것입니다. 집의 위치, 집에 대한 구조적인 특징, 주변 환경 등 독특한 요소에 대한 이해를 바탕으로 내 집의 스토리를 부여할 수 있습니다. 마케팅 전략에는 온라인 소셜 미디어 활용을 비롯하여 중개사 연결 플랫폼 '집팔고'를 포함한 다양한 부동산 거래 플랫폼에 내 집을 노출하는 것들이 포함됩니다. 이를 통해 내 집을 더 많은 잠재 고객들에게 노출시켜 관심을 유도해 판매가능성을 높일 수 있습니다.

시장 상황과 대외적인 요소를 파악하는 것 역시 필수적입니다. 부동산 시장은 경제적, 정치적, 사회적 요인에 의해 크게 영향을 받습니다. 이러한 외부 요인들은 집의 가치와 판매 가능성에 직접적인 영향을 미칩니다. 예를 들어, 경제가 호황일 때는 사람들이 집을 구매할 여력이 더 많지만, 경제가 침체되면 부동산 시장도 위축될 수 있습니다. 또한, 정부의 정책 변화나 금리 조정 역시 시장에 큰 영향을 줄 수 있습니다. 따라서, 집을 판매하기 전에 현재의 경제 상황, 부동산에 영향을 미칠 수 있는 정책 변화, 지역 내 부동산 시장의 동향 등을 면밀히 조사하고 분석하는 것이 중요합니다. 이를 통해 매도인은 자신의 집을 언제, 어떻게 시장에 내놓을지를 결정하는 데 필요한 정보를 얻을 수 있으며, 이는 집을 최적의 조건과 시기에 판매하는 데 결정적인 역할을 할 수 있습니다.

결국, 집을 판매하는 과정은 단순한 거래를 넘어서, 집의 가치를 최대한으로 이끌어내는 전략적인 과정입니다. 판매자가 구매자의 관점을 이해하고, 상품으로서의 집을 전반적으로 점검하는 것은 성공적인 판매로 이어지는 길입니다. 집의 가격뿐만 아니라 제공하는 가치와 만족도를 고려하여, 구매자가 편안하고 기분 좋게 느낄 수 있도록 환경을 조성하는 것이 중요합니다. 이를 위해 집의 장점을 적극적으로 홍보하고, 필요한 경우 작은 개선 조치를 통해 단점을 보완해야 합니다. 이 모든 과정은 집을 상품으로서 최적화시키고, 판매 과정을 원활하게 만들며, 결국은 더 나은 결과를 가져올 것입니다.

2

왜 구매자가 내 집에 관심을 보이지 않을까?

앞서 언급했듯이, 집을 단순한 거주 공간이 아닌 판매될 수 있는 '상품'으로 인식하는 것이 중요합니다. 이러한 관점에서, 집을 구매자의 눈으로 바라보는 것은 매우 중요한 단계입니다. 구매자가 왜 내 집에 흥미를 보이지 않는지에 대한 이유는 여러가지가 있지만, 그 중에서도 집의 상태는 구매 결정에 있어 가장 큰 영향을 미치는 요소 중 하나입니다. 특히, 구매자가 집을 처음 보았을 때 받는 첫인상은 그들의 구매 결정에 결정적인 역할을 합니다.

만약 집이 관리되지 않은 것처럼 보인다면, 이는 구매자에게 매우 부정적인 인상을 줄 수 있습니다. 아파트의 경우, 주로 내부 상태와 실내 디자인에 초점을 맞춰야합니다. 반면, 전원주택은 내부 상태뿐만 아니라 외관과 주변 환경까지도 꼼꼼하게 살펴보아야 합니다. 집의 유형에 따라 관리와 준비에 있어 차별화된 접근 방식이 필요함을 인지하는 것이, 구매자에게 긍정적인 첫인상을 남기고 판매 가능성을 높이는 데 있어 중요한 전략이 됩니다.

같은 공간이라도 어떻게 관리되고 꾸며지느냐에 따라 그 인상과 가치는 크게 달라질 수 있습니다. 제가 서울 소재 대학에 진학하게 되었을 때입니다. 당시 저는 회기동에 자취방을 찾고 있었습니다. 여러 자취방을 살펴보던 중, 한 선배가 살고 있었던 집을 방문한 적이 있습니다. 그 자취방은 현관문 하나를 사이에 두고 방이 여러 개 있는 자취방 건물에 있었습니다. 그때의 기억을 더듬어 보면, 건물의 외관과 현관문을 들어설 때의 첫인상은 그다지 좋지 않았습니다. 내부 역시 공간은 어두웠고, 구석구석 낡아 보이는 부분이 눈에 띄었습니다.

선배의 자취방 문을 열고 들어서자마자 제가 가졌던 생각은 180도 달라졌습니다. 방은 크지 않았지만, 선배는 세심하게 커튼과 소품을 선택하여 공간을 아기자기하고 깔끔하게 장식했습니다. 방의 정돈 상태는 공간을 더욱 아늑하고 매력적으로 만들었습니다. 이처럼 세심한 관리와 준비는 공간의 단점을 완벽하게 상쇄시켜, 저로 하여금 계약을 결정하게 만들었습니다. 그러나 이사를 마치고 나서야 비로소 집의 실제 상태가 처음 느꼈던 인상과는 상당히 다르다는 사실을 깨달았습니다. 실제로 집의 상태는 그다지 좋지 않았지만, 선배의 꼼꼼한 관리 덕분에 방의 이미지가 크게 달랐던 것입니다. 이 경험은 공간의 실제 상태와 인식된 이미지 사이에는 큰 차이가 있을 수 있으며, 세심한 관리와 장식이 얼마나 중요한지를 깊이 깨닫게 해주었습니다.

공간을 꾸미고 관리하는 방법은 그 공간이 주는 인상과 가치에 결정적인 영향을 미칩니다. 앞서 언급한 사례처럼, 동일한 공간이라 할지라도, 관리와 스타일링 방법에 따라 전혀 다른 분위기를 연출할 수 있습니다. 이는 매도자나 임대인이 구매자나 임차인의 관심을 끌기 위해 반드시 고려해야 할 요소입니다. 구매자나 임차인의 시각에서 공간의 첫인상은 그들의 결정을 크게 좌우하기 때문에, 매력적인 스타일링과 효율적인 공간의 배치는 집의 가치를 상승시키는 데 중요한 역할을 합니다. 따라서, 집을 더욱 매력적으로 만들고 구매자나 임차인에게 긍정적인 첫인상을 남기기 위해, 세심한 관리와 스타일링은 절대 간과되어서는 안 됩니다.

집 관리에 있어서는 전체적인 부분과 디테일한 부분 모두 소홀할 수 없습니다. 구조적인 안정성과 설비 상태는 잠재적인 구매자나 임차인이 매우 신중하게 평가하는 핵심 요소 중 하나입니다. 예를 들어, 벽이나 천장에 나타난 균열과 누수는 집을 판매하거나 임대할 때 매우 부정적인 영향을 끼칩니다. 이와 같은 설비 문제는 매매나 임대 과정에 앞서 반드시 점검하고 해결해야 합니다. 구매자나 임차인의 관점에서 이러한 문제는 집의 가치를 현저히 떨어뜨리며, 따라서 매매나 임대 과정에서 이들이 우려하는 사항을 사전에 파악하고 조치하는 것이 중요합니다. 이는 집의 가치를 유지하고 구매자나 임차인에게 신뢰를 줄 수 있는 방법 중 하나입니다.

제가 강조하고 싶은 부분은 바로 집 관리 및 디자인의 디테일적인 측면입니다. 이는 집의 청결과 정돈, 수납 해결책, 인테리어 디자인, 그리고 일상의 편의성을 높이는 요소들이 포함됩니다. 이러한 작은 요소들은 집의 쾌적함과 매력을 결정하며, 방문자나 구매자에게 강한 첫인상을 남깁니다. 깨끗하고 잘 정돈된 공간은 더 넓고 밝게 보이게 하며, 아름답게 꾸며진 인테리어는 집의 분위기와 개성을 풍부하게 합니다. 이러한 디테일이 결국 구매자나 임차인의 관심을 끌게 되는 것이고, 집의 가치를 최대한 으로 끌어올려 판매까지 할 수 있도록 하는 핵심 전략입니다.

최근에는 공간을 개인의 취향에 맞게 개인화하는 트렌드가 증가하고 있습니다. 예를 들어, 편의점 스타일로 집 내부를 리모델링하는 등 독특하고 개성 있는 공간을 창조하는 사례가 점점 더 많아지고 있습니다. 이런 개인화된 변화는 거주자에게 매우 의미 있고 특별한 경험을 제공할 수 있습니다. 하지만, 집을 시장에 내놓을 때 이러한 개성적인 요소가 예상치 못한 부정적인 영향을 끼칠 수 있습니다. 잠재적인 구매자나 임차인의 취향과 맞지 않을 경우, 집의 매력도가 떨어질 수 있으며, 이는 판매 과정에서 불리한 조건으로 작용할 수 있습니다.

집을 판매할 때는 가능한 많은 구매자들의 취향을 만족시키는 것이 중요합니다. 집을 판매하거나 임대하기 전에는 너무 개성적인 스타일링은 피하고, 보다 다수에게 어필할 수 있는 중립적인 디자인을 고려해야 합니다. 과도하게 개인화된 공간은 구매자들이 자신의 삶을 그 공간에 투영하기 어렵게 만들 수 있으며, 이는 판매과정에서 불리하게 작용할 수 있습니다. 대표적으로 개인화된 공간으로는 와인바, 영화실, 그리고 기도방 등이 있습니다.

판매를 목적으로 할 때는 개인적인 취향보다는 대중적인 취향을 고려한 공간 배치와 디자인을 선택해야 합니다. 이는 집의 시장성을 높이고 더 넓은 구매자 층에게 호응을 얻을 수 있는 전략이 될 수 있습니다. 대중적인 공간 배치와 디자인은 넓은 범위의 구매자들에게 호소력을 가질 수 있으며, 그들이 자신의 가구나 라이프스타일을 더 쉽게 상상할 수 있게 합니다. 중고 자동차도 마찬가지로 과도한 튜닝이나, 색상으로 개인화된 차량은 오히려 비용은 더 많이 들어갔다 하더라도 판매 가격은 더 떨어지는 경우가 많습니다. 중립적인 색상, 클래식하거나 현대적인 디자인 요소, 그리고 기능적인 공간 활용은 많은 사람들이 선호하는 특성입니다. 이러한 접근 방식은 집을 보러 오는 사람들에게 더 넓은 잠재적인 구매자층을 만들어, 좋은 매매 결과로 이어질 가능성을 높입니다.

디자인과 관리, 그리고 대중의 취향을 반영한 공간 조성은 집을 매수자에게 효과적으로 어필하는 데 중요한 역할을 합니다. 집의 디자인은 첫인상을 결정하는 핵심요소로 작용하며, 잘 관리된 모습은 매수자에게 긍정적인 인상을 주어 집에 대한 관심을 증가시킵니다. 내부 공간이 대중의 취향을 반영할 때, 다양한 배경을 가진 매수자들은 자신들의 생활 방식을 그 공간에 쉽게 투영할 수 있게 됩니다. 특히, 아파트의 경우는 실내 인테리어에 중점을 두어야 하며, 전원주택은 실내뿐만 아니라 외관의 관리도 함께 고려해야 합니다.

매도자는 청결과 정돈, 현대적이면서도 대중적인 디자인의 적용, 그리고 다양한 라이프스타일을 수용할 수 있는 공간 구성에 주의를 기울여야 합니다. 이러한 접근 방식은 집을 시장에 내놓았을 때 더 많은 매수자의 관심을 끌고 집의 가치를 높이는데 결정적인 역할을 할 것입니다. 집을 매매하는 과정에서 이러한 전략을 적용함으로써, 매도자는 더 넓은 매수자 층에게 자신의 집을 효과적으로 어필할 수 있으며, 이는 최종적으로 집의 판매 성공률을 높이는 데 기여할 것입니다.

3
내가 내 집을 산다면
어떨까?

부동산을 팔 때 가장 중요한 것은 무엇일까요? 바로 매매가입니다. 부동산의 가격은 해당 부동산의 현재가치와 구매를 희망하는 사람이 판단하는 기대 가치에 의해 결정됩니다. 적절한 조건에서 구매자는 이 가격을 지불할 준비가 되어 있습니다. 이로 인해 판매되는 부동산에는 '거품'이 존재하지 않는다는 것이 일반적인 관점입니다. 거품은 오로지 팔리지 않는 부동산에만 존재한다고 볼 수 있습니다. 가격이 어떻든, 그 가치를 인정받으면 부동산은 반드시 팔립니다. 이러한 이유로, 매매가격 설정은 부동산 거래에서 매우 중요한 과정이며, 적절한 가치평가와 시장 분석을 통해 결정되어야 합니다.

하지만 현실은 매우 다릅니다. 실제 부동산 시장에서는 매도인이 자신의 부동산을 과대평가하는 현상이 흔히 발생합니다. 이는 소유효과, 즉 자신이 소유한 것에 과도하게 높은 가치를 부여하는 심리적 현상 때문입니다. 이러한 현상으로 인해 매도인은 자신의 부동산 가치를 객관적으로 평가하기 어려워하며, 이는 매매가 책정 과정에도 영향을 미칩니다. 결과적으로 실제 매매가와 시장에서의 실거래가, 그리고 호가 사이에는 종종 큰 차이가 발생합니다. 매도인이 개인적인 애착과 기대가격을 시장 가격보다 높게 설정하는 경향이 있기 때문입니다. 이는 부동산 거래에서 매우 중요한 문제가 될 수 있습니다. 나아가 판매자와 구매자 사이의 협상과 거래를 복잡하게 만들 수 있습니다.

저는 부동산을 팔고자 하는 고객들만 15년 동안 상담하는 일을 하고 있습니다. 부동산을 팔고자 하는 사람들의 어려움을 해결해 주는 일은 보람이 있습니다. 때로는 고객이 감사 표시로 선물을 주는 분들이 있기도 합니다. 선물에 대한 고마움도 크지만 고객들의 어려움을 해결해 줄 때 더 큰 보람을 느끼곤 합니다. 부동산을 파는 이유는 다양합니다. 자식들 사업자금을 위해 부모가 집을 파기도 하고, 이웃과의 분쟁이 생겨서 파는 경우, 재테크 목적으로 갈아 타기 위한 경우 등 다양한 이유로 매매가 이뤄집니다.

부동산을 사고파는 일은 일생에 몇 번 있을 중요한 사건입니다.

매번 그러한 순간이 도래할 때마다, 매도가능한 가격이나 원하는 시기에 판매할 수 있을지에 대한 고민이 따릅니다. 시장 상황에 따라 판매 과정이 길어질 수도 있고, 때로는 예상보다 빠르게 거래가 성사될 수도 있습니다. 고객은 크게 두 부류로 나뉩니다. 판매를 원하는 매도인과 부동산 거래를 중개하는 공인중개사입니다. 저는 이 두 그룹을 연결해주는 '집팔고' 플랫폼을 운영하고 있습니다.

얼마 전, 저희 회원인 한 공인중개사로부터 전화를 받았습니다. 이 중개사는 제게 매우 좋아하는 분이 사정이 생겨 집을 팔아야 하는 상황에 처해 있으며, 이 분을 상담해달라는 부탁을 받았습니다. 문제는 이 분의 희망가격이 시세보다 높아, 설득이 필요한 상황이었습니다. 공인중개사로 일하다 보면, 친분이 있는 사람에게 가격에 대해 솔직한 상담을 하는 것이 어려운 경우가 종종 있습니다. 이는 주로 가격 문제 때문입니다. 대부분의 사람들은 자신이 희망하는 가격을 가지고 있으며, 이 가격은 대개 시세보다 높습니다. 많은 경우, 사람들은 자신들의 욕심이 많다는 것을 알고 있음에도 불구하고, 그 가격에 자신의 부동산을 팔고 싶어합니다.

속마음을 직접적으로 표현하는 대신, 많은 경우 공인중개사가 상황을 직감적으로 이해해주기를 기대하는 상황이 종종 있습니다. 또한, 일부는 가격을 과감하게 높게 책정하기도 합니다. 친분이 있는 중개사 입장에서는 가격을 낮게 제안할 경우 상대방이 서운해할 수 있어서 매우 조심스러운 상황에 놓이게 됩니다. 집 가치를 지나치게 낮춰서 거래가 성사되는 것을 본인의 이익만 추구하는 것으로 여길 수 있기 때문입니다. 이로 인해 가격을 정확하게 제시하는 것이 어려운 경우가 많습니다. 위와 같은 상황도 유사합니다. 희망가격이 지나치게 높아서 실제로 판매가 가능한 가격이 아닌 경우입니다. 매도인이 판매가 불가능한 가격을 제시했지만, 공인중개사가 대해 솔직하게 이야기하면 미움을 사게 될 수 있어, 대신 제가 이를 정확히 설명해주길 바라는 상황입니다.

저는 상담을 시작하기 전에 몇 가지 확인 사항이 있습니다. 가장 먼저 실거래가를 확인하는 것입니다. 실거래가는 부동산의 현재 가치를 가장 정확하게 반영하는 자료이기 때문입니다. 확인 결과, 해당 주택은 1년 전에 6.6억 원에 구입한 것으로 나타났습니다. 첫 번째 질문은 부동산을 다시 판매하려는 이유입니다. 이 질문은 판매 의사를 확인하는 중요한 척도가 됩니다. 많은 경우, 사람들이 단순히 시세 확인을 위해 매매 의사를 밝히는 경우가 있으며, 이런 경우 거래가 성사되기는 어렵습니다. 따라서, 실제로 판매할 의지가 있는지를 확인한 후 상담을 진행합니다. 이번 경우, 해당 부부는 꼭 집을 팔아야 하는 상황에 처해 있었습니다. 처음 집을 구입할 때는 장점만 보이지만, 시간이 지나며 알지 못했던 단점들이 드러나기 마련입니다. 이 부부는 새로운 환경에 적응하지 못해 집을 팔기로 결정했습니다. 상담 도중 여러 사연을 말하며 감정이 북받쳐 오르는 모습도 보였습니다. 희망 가격을 물었을 때, 중개사로부터 들었던 대로 10억 원이라는 금액을 언급했습니다. 참고로 이 지역은 시세 변동이 거의 없는 지역으로 알려져 있습니다.

고객이 희망 가격을 설정한 이유를 물었을 때, 그들은 자신의 집이 주변에 판매중인 다른 집들보다 우수하다고 생각했기 때문이라고 답했습니다. 또한, 입주 전에 7천만 원을 들여 리모델링을 했기 때문에, 그들이 생각하는 가격은 정당하다고 여겼습니다. 이는 부동산을 팔지 못하는 사람들의 전형적인 특징 중 하나입니다. 실제로 팔리는 금액이 아니라 주변의 더 비싼 가격에 나온 집들과의 비교를 통해 자신의 희망 가격을 설정합니다. 이때 저는 고객에게 "그 가격에 당신은 그 집을 사겠습니까?"라고 물어봅니다. 대부분의 경우, 그들도 그 가격에는 구매하지 않을 것입니다. 이는 내가 감당할 수 없는 가격이라면 다른 사람도 마찬가지일 가능성이 높다는 것을 의미합니다. 파는 사람과 사는 사람 모두 똑똑한 소비자들입니다.

고객이 계속해서 높은 매매가를 고집한다면, 결국 해당 부동산은 판매되지 못할 것입니다. 이로 인해 해당 부부는 그 집에서 몇 년 더 불편함을 겪으며 생활해야 할 수 있습니다. 이 부부는 아마도 자신들이 원하는 가격에 판매될 수 있다는 긍정적인 말을 듣고 싶어 했을 겁니다. 그러나 현실을 직시하지 않으면, 그것은 단지 희망고문에 불과합니다. 결국 구매자가 그 집을 살 것이지, 제가 살 것이 아니기 때문에 불가능한 일을 가능한 것처럼 말해주는 것은 올바른 접근이 아닙니다.

그 집의 적정 가격은 7.5억 원으로 평가되었습니다. 설득을 통해 가격을 8억 원까지 조정하는 데 성공했지만, 여전히 추가적인 가격 조정이 필요하다는 것을 고객에게 인식시켰고, 이에 따라 상담을 마무리했습니다. 이 과정은 고객이 현실적인 가격에 대해 이해하고 받아들일 수 있도록 돕는 중요한 단계입니다. 가격 조정을 통해 부동산이 시장에서 경쟁력을 가지고, 결국 성공적으로 매매될 수 있는 기회를 높일 수 있습니다. 고객에게 현실적인 시장 가치를 이해시키고, 이에 따른 적절한 가격 설정을 도와주는 것은 부동산 판매 과정에서 매우 중요한 역할을 합니다.

판매자가 높은 가격에 부동산을 팔기를 원하는 것은 당연한 일입니다. 특히 부동산 시장에서는 이러한 경향이 더욱 강하게 나타납니다. 그러나 실제로 원하는 가격을 받을 수 있는지는 전적으로 구매자가 그 가격에 구매할 의사가 있는지에 달려 있습니다. 단순히 판매자가 높은 가격을 원한다고 해서 그 가격대로 거래가 이루어지는 것은 아닙니다. 부동산 판매에서 매매가의 설정은 매우 중요합니다. 가격이 너무 높으면 구매자를 찾기 어렵고, 너무 낮으면 판매자의 이익이 줄어듭니다. 따라서, 시장 가치를 정확히 파악하고, 합리적이고 현실적인 가격을 설정하는 것이 중요합니다. 가격의 적절한 설정은 부동산이 시장에서 경쟁력을 가지고, 성공적으로 매매될 수 있도록 하는 핵심 요소입니다. 가격의 중요성을 강조하는 것은 부동산 판매 과정에서 절대 과장될 수 없는 부분입니다.

내 집의 시세를 알아보는 가장 효과적인 방법은 실거래가 정보를 제공하는 사이트를 이용하거나 공인중개사 사무소에 시세 상담을 의뢰하는 것입니다. 부동산을 판매할 때 상담을 어떻게 하느냐는 매우 중요한데, 잘못된 상담으로 시작된 부동산 매매는 그 기간이 상당히 길어질 수 있습니다. 심지어 몇 년씩 걸리는 경우도 있습니다. 대부분의 경우, 처음 상담은 해당 집을 소개해준 중개사를 통해 이루어지곤 합니다.

하지만 여기에는 한 가지 주의해야 할 점이 있습니다. 중개사들은 종종 의도적으로 부동산의 시세보다 높은 가격을 제시하여 좋은 인상을 주려고 합니다. 이로 인해 실제 시장 거래가보다 높은 가격에 부동산을 내놓게 되고, 이는 매매 기간이 길어지는 주요 원인이 됩니다. 중개사의 입장에서는 이해할 수 있는 행동이지만, 실제로 부동산을 판매하고자 하는 경우에는 객관적인 판단이 필요합니다. 대부분의 사람들은 중개사가 제시한 매매가를 실제로 가능한 금액으로 오해하게 되고, 이로 인해 매매기간이 오래 걸리는 경우를 자주 목격하게 됩니다.

따라서, 부동산 매매를 고려할 때는 하나의 중개사만 의존하지 않고, 최소 5곳 이상의 다양한 공인중개사 사무소에 상담을 요청하는 것이 좋습니다. 이렇게 함으로써 다양한 의견을 듣고, 보다 객관적이고 현실적인 시장 가치를 파악할 수 있게 됩니다. 이 과정을 통해 정확한 시세 정보를 바탕으로 합리적인 매매가를 책정할 수 있으며, 이는 부동산 매매 기간을 단축시키는 데 크게 기여할 것입니다.

매매가를 책정할 때 구매자의 입장에서 고려해보는 것을 추천한다. 대부분의 판매자는 자신은 좋은 조건으로 구입하고, 자신의 집을 구매하는 사람이 비싼 가격에 사기를 원합니다. 하지만 진정으로 자신의 부동산을 성공적으로 판매하기 위해서는 바로 이러한 관점 전환, 즉 구매자의 시각에서 해당 부동산을 바라보는 것이 중요합니다. 부동산을 구매하는 사람들은 결코 경솔하게 결정하지 않습니다. 그들은 시장 가치와 자신의 재정적 상황을 신중하게 고려하여, 합리적이고 현실적인 가격에 부동산을 구매하려 합니다. 따라서, 판매자로서는 자신의 부동산이 구매자에게 매력적인 가격대인지를 먼저 검토해야 합니다. "왜 내 집만 안 팔릴까?"라는 고민을 반복하기보다는, "내 집이 구매자에게 적합한 가격인가?"를 먼저 질문해보는 것이 중요합니다.

실제로 부동산 매매 과정에서는 판매자와 구매자 모두가 합리적이고 똑똑한 결정을 내리려고 합니다. 이러한 맥락에서, 부동산 판매자는 자신의 집을 적절한 가격에 내놓음으로써, 구매자가 만족할 수 있는 거래를 성사시킬 수 있습니다. 이 과정은 부동산 거래가 성공적으로 이루어질 수 있는 기본적인 전제 조건이며, 부동산 매매의 성공을 위한 핵심 요소입니다.

4

협상에서의 유연성

부동산 거래 과정에서 협상의 유연성은 매매 성공의 중요한 열쇠입니다. 거래 과정에서 매수인이 매도인보다 우위를 점하는 상황이 일반적이라는 것을 인식하는 것이 중요합니다. 이에 따라, 매도인은 전략을 유연하게 조정해야 할 필요성이 있습니다. 가격 인하에만 초점을 맞추는 것이 아니라, 거래 과정에서 양측이 모두 만족할 수 있는 결과를 도출하는 것이 중요합니다. 이는 양측에게 이익이 되는 윈-윈 전략의 추구를 의미하며, 이러한 접근 방식은 거래의 성공률을 높이는 데 기여할 수 있습니다.

협상 과정에서 유연함이란 매도인이 자신의 목표를 유지하면서도 매수인에게 약간의 가격 조정을 통해 즐거운 거래 경험을 제공하는 것입니다. 이로 인해 매수인은 거래 과정을 긍정적으로 경험하며, 매도인 역시 자신의 목표를 달성할 수 있습니다. 유연성이 없을 경우, 가격 협상의 여지가 사라져 거래가 지체되거나 아예 이루어지지 않을 위험이 있습니다. 매수인의 관점을 이해하고 조건에 대한 유연성을 보여주는 것은 매우 중요하며, 전략적인 접근을 통해 부동산 판매라는 최종 목표를 달성해야 합니다.

'사라고 할 때 사고, 팔라고 할 때 팔아야 한다.'는 협상 원칙은 협상이 단순히 일방적인 과정이 아니라, 양측 모두에게 필요한 결과를 제공하는 상호 작용임을 상기시킵니다. 따라서, 유연한 가격 전략의 수립과 협상 여지의 포함은 매매 성공을 위해 필수적입니다. 이 과정에서 양측의 필요와 기대를 충족시키는 것이 중요하며, 이를 통해 양측 모두가 만족할 수 있는 거래 결과를 도출하는 것이 핵심입니다. 매도인과 매수인 간의 상호 이해와 융통성 있는 접근 방식이 거래 성공의 열쇠입니다.

협상 전략을 구체적으로 세우는 과정은 다음과 같습니다. 첫 단계는 매도 호가를 전략적으로 설정하는 것입니다. 판매자가 제시하는 가격을 의미하는 호가 설정은 매수인의 관점과 가격조정 욕구를 파악하는 것을 기반으로 해야 합니다. 이때, 초기 가격은 항상 조정될 수 있다는 점을 염두에 두어야 합니다. 더불어 표시가격과 결정가격은 다를 수 있다는 점을 고려해야 합니다. 전원주택의 경우 가격조정 폭을 크게 잡고 유동적으로 하는 경우가 있습니다. 이는 초기 제안 가격이 최종 가격이 아니라는 것을 분명히 함으로써, 매수인의 반응에 따라 유연하게 대응할 수 있는 여지를 남깁니다.

부동산 시장에 오랫동안 나와 있어서 매수자의 관심을 끌지 못하거나 부정적인 피드백이 지속되는 경우, 매도자는 상황을 개선하기 위해 유연하고 전략적으로 대응해야 합니다. 첫 번째 조치로 가격 조정을 고려하는 것이 좋습니다. 시장의 반응 부재나 부정적인 반응은 가격이 시장의 수요를 반영하지 못하고 있음을 나타내는 경우가 많기 때문에, 초기 가격 대비 약 5% 정도 조정을 시작점으로 삼는 것이 바람직합니다. 또한, 계절 변화에 맞춰 매물 사진을 갱신하고 온라인 마케팅을 새롭게 시도하는 것도 중요하며, 다양한 부동산 광고 채널을 활용하여 부동산의 독특한 특성을 부각시켜야 합니다. 구매 조건의 유연성을 제공하는 것도 중요한 전략 중 하나로, 매수자가 자신의 재정 상황이나 필요에 맞게 쉽게 구매할 수 있도록 계약 조건을 유연하게 조정하거나 결제 조건을 맞춰주어 거래 성사 가능성을 높일 수 있습니다. 이러한 조치들은 매도자가 부동산 매매 시장에서 유리한 위치를 확보하고 거래 성사를 가속하는 데 도움을 줄 수 있습니다.

가격 조정, 마케팅 전략의 개선, 그리고 구매 조건의 수정을 통해 매수자의 관심을 유도할 수 있습니다. 이러한 전략적 조치들이 효과적으로 작용하여 내 집에 대한 매수자의 관심이 생긴다면, 다음 단계로 나아갈 수 있습니다. 바로 가계약금 일부를 요청하는 것입니다. 이는 매수자의 구매 의사가 진지한지를 확인하는 중요한 절차로, 매수자가 실제로 구매에 대한 확신이 있는지를 판단할 수 있는 기회를 제공합니다.

가계약금을 받음으로써 매도자와 매수자 사이에 구매 의향이 실제로 존재한다는 사실이 명확해집니다. 이 단계에서, 추가적인 조건 협상을 통해 최종 가격조정을 논의할 수 있게 됩니다. 이 과정은 협상의 여지를 남겨두고, 양측이 상호 만족할 수 있는 조건에서 거래를 마무리 짓기 위한 것입니다. 여기서 중요한 것은 유연성을 가지고 매수자의 요구와 시장 상황을 고려하여 조건을 조정하는 것입니다. 이렇게 함으로써, 매도자는 자신의 부동산을 합리적인 가격에 판매할 수 있으며, 매수자는 자신이 만족하는 조건으로 구매할 수 있게 됩니다.

이러한 접근 방식은 부동산 판매 과정에서 매우 중요한 협상 전략으로 작용하며, 거래의 성사를 위해 필수적인 단계입니다. 따라서, 매도자는 가격 조정, 마케팅 전략의 개선, 그리고 구매 조건의 유연한 수정을 통해 매수자의 관심을 적극적으로 유도하고, 가계 약금 요청을 통해 매수자의 진지한 구매 의사를 확인하는 전략적 접근을 취해야 합니다.

5

집 판매에서
잘못된 믿음 깨기

집을 판매하는 과정은 종종 예상치 못한 어려움과 마주치게 됩니다. 특히 집 판매에서 잘못된 믿음을 가지고 있는 경우, 이는 판매 과정을 더욱 복잡하게 만들 수 있습니다. 집 판매에 있어 잘못된 믿음들과 이를 어떻게 깨뜨릴 수 있는지에 대해 알아보겠습니다.

첫 번째로, 자신의 집 가치를 과대평가하는 것은 매우 흔한 문제입니다. 특히 전원주택을 판매할 경우, 매도자는 종종 풍수지리 같은 요소를 높게 평가하는 경향이 있습니다. 또한, 개인적인 애착이 강한 공간일수록, 그 가치를 남들도 똑같이 느낄 것이라고 기대하기 쉽습니다. 예를 들어, 홈바(Home Bar)는 모든 매수인에게 필요하지는 않습니다. 이러한 개인화된 공간은 오히려 매수인에게는 불필요한 요소로 작용할 수 있습니다. 따라서 객관적이고 현실적인 시장 가치 평가가 필수적입니다.

　빠른 판매를 기대하는 것이 문제가 될 수 있는데, 특히 해당 부동산을 사준 중개사에 대한 과도한 신뢰는 주의해야 합니다. 많은 매도자들이 처음 자신의 집을 매수해 준 중개인에게만 의존하는 경향이 있는데, 이는 판매 기회를 한정짓고, 매도자가 다양한 판매 경로를 모색하는 데 제한을 가할 수 있습니다. 일부는 자신의 집을 처음 소개해 준 사람에 대해 과도한 기대를 하며, 그 사람이 모든 것을 해결해 줄 것이라고 착각할 수 있습니다.

　그 중개사가 과거에 매도자의 집을 판매한 경험이 있었을지라도, 같은 중개사가 다시 판매해 줄 것이라는 보장은 없습니다. 다른 구매자를 찾는 일은 어렵고, 이는 매도자가 과도한 기대를 품지 않아야 함을 의미합니다. 여러 중개사를 통해 매물을 내놓는 일은 번거롭지만, 저는 이 방식을 추천하고 싶습니다. 단 하나의 중개사에만 의존하는 것은 위험할 수 있기 때문입니다. 중개사는 결국 영업사원이며, 매물 확보를 위한 경쟁 속에서 자신의 이익을 우선으로 생각합니다. 이 과정에서 발생하는 매물 독점은 중개사의 이익을 위한 것이고, 실제 매물 판매는 우선순위에서 밀릴 수 있습니다. 이로 인해 발생하는 매물잠식 현상은 매도자에게 손해를 가져올 수 있습니다.

따라서, 매도자는 다양한 중개 경로를 고려하여 현실적인 판매 전략을 세우는 것이 중요합니다. 처음 부동산을 소개한 중개사에게만 의존하는 경향은 실제로 매도자에게 큰 손해를 끼칠 수 있습니다. 초기 성공이 반드시 다른 경우에도 성공을 보장하지 않으며, 각 구매자의 요구와 적합성은 다를 수 있기 때문입니다. 중개사의 설명이 아무리 우수해도 모든 구매자가 그에 따라 계약을 할 것이라는 보장은 없습니다. 따라서, 단일 중개사에게만 의존하는 것은 매도자에게 다양한 매수자층에 도달할 기회를 제한하며, 결국 불리한 결과를 초래할 수 있습니다. 매도자는 이러한 위험을 인지하고 여러 중개인을 통해 매물을 소개해야 하며, 이를 통해 더 넓은 범위의 구매자에게 도달할 수 있는 전략을 마련해야 합니다.

우리는 집을 팔고 떠나는 사람들이며, 그 지역으로 다시 돌아올 가능성은 거의 없습니다. 그렇기에 한 명의 중개사에게만 의존하여 매물의 노출 기회를 제한하는 것은 바람직하지 않습니다. 많은 이들이 집이 팔리지 않을 때 다른 곳에도 매물을 내놓는 방식을 선택하지만, 실제로 100곳에 매물을 내놓더라도 소수의 중개사만이 실제로 연락을 취할 것입니다. 이는 판매 확률이 본질적으로 낮다는 것을 의미합니다. 그럼에도 불구하고, 단 한 명의 중개사에 의존해 스스로의 판매 기회를 줄이는 것은 비합리적인 선택이라 할 수 있습니다.

이론상 한 곳에 매물을 내놓았을 때의 확률이 100%라고 한다면, 두 곳에 내놓으면 그 확률은 200%로 증가하며, 100곳이나 500곳에 내놓으면 확률은 기하급수적으로 높아집니다. 업계 경험이 오래됐다고 해서 반드시 더 우수한 서비스를 제공하는 것은 아니며, 새롭게 시작한 중개사나 소규모 중개소가 반드시 나쁜 것도 아닙니다. 때로는 예상치 못한 곳에서 좋은 결과가 나타날 수 있으며, 이는 처음 선택한 '잘할 것 같은' 중개사보다 더 성공적일 수 있습니다. 따라서, 집을 팔 때 다양한 중개사와 중개소를 고려하여 판매 기회를 최대한 넓히는 것이 현명한 전략입니다. 매물을 여러 곳에 내놓는 것이 번거로울 수 있지만, 이는 판매 확률을 높이고 더 좋은 결과를 얻기 위한 필수적인 과정입니다. 우리는 흔히 "잘할 것 같은 부동산에 내놓았는데 못 팔고, 혹시나 해서 선택한 다른 부동산에서 계약했다."는 이야기를 듣곤 합니다.

점쟁이가 아니라면, 판매 기회를 스스로 한정 짓고 일부 중개사들의 말에 현혹되지 않는 것이 중요합니다. 무작정 판단을 내리기보다는, 가능한 많은 기회를 모색하는 것이 핵심입니다. 집을 팔 때, 가격 협상이나 조정은 매수자가 나타난 이후의 일입니다. 중개사가 거래를 신속하게 성사시키려는 경향이 있지만, 이는 때때로 판매자의 최선의 이익을 고려하지 않는 경우가 있습니다. 실제로 중개업을 하면서 깨달은 것은, 같은 조건에서 판매 확률을 높이는 것이 가장 중요한 전략입니다. 매물을 다양한 곳에 내놓아 더 많은 기회를 얻고, 결국 더 나은 거래 조건을 이끌어낼 수 있습니다. 이는 판매 과정에서 매도자가 취할 수 있는 가장 현명한 접근 방식이며, 다양한 중개 경로를 활용해 자신의 이익을 최대화하는 것이 중요합니다.

매물을 시장에 내놓을 때는 최악의 상황을 대비해 최소한 6개월 전에는 매물을 게시하는 것이 바람직하며, 가능한 한 많은 곳에 광고해야 합니다. 이는 매도자에게 더 많은 기회를 부여하고, 더 좋은 조건에서 매매를 성사시킬 기회를 늘립니다. 매도자는 이를 통해 더 넓은 범위의 잠재 구매자에게 접근할 수 있으며, 판매 과정에서 더 유리한 위치를 확보할 수 있습니다.

세 번째로, 가격 인하에 대한 부정적 인식은 실제로 매물 판매를 지연시키는 중요한 요인 중 하나입니다. 시장에 매물이 오래 머물게 되면, 가격을 낮춰야 할 필요성이 커지는데, 이는 초기에 가격 조정에 대한 부정적 인식으로 인해 첫 번째 기회를 놓친 경우 더욱더 좋은 가격을 받기 어려워질 수 있음을 의미합니다. 따라서, 가격 인하에 대한 부정적 인식을 개선하는 것이 필수적이며, 판매 결정을 내릴 때는 신중함과 함께 필요한 경우 과감한 조치를 취하는 태도가 중요합니다. 매물이 시장에 오래 머무르지 않도록 초기에 적절한 가격 조정을 고려하는 것이 판매 전략에서 중요한 부분을 차지합니다. 이를 통해 매물은 더 빠르게 판매될 가능성이 높아지며, 매도자는 더 나은 거래 조건을 이끌어낼 수 있습니다. 가격 인하에 대한 긍정적인 접근 방식은 매물 판매 과정을 가속화하고, 시장 변화에 능동적으로 대응할 수 있는 능력을 향상시킬 수 있습니다.

대부분 매도자들은 자신의 매물이 시장에 나온 지 얼마 되지 않아 매수자로부터 제안을 받았을 때, 고자세를 취해 계약 기회를 스스로 무산시키는 경우가 많습니다. 이러한 상황은 주로 착각에서 비롯됩니다. 매물이 시장에 새롭게 나오면서 생기는 신비감과 중개사들의 적극적인 홍보 덕분에 예비 매수자가 관심을 가지고 계약을 시도하는 것인데, 매도자는 자신의 부동산이 시장에서 저평가되었거나, 조건이 유독 좋아서 매수자의 관심을 받는 것으로 착각합니다. 한 번 놓친 기회를 다시 같은 조건에서 예비 매수자를 찾는 것은 매우 어려운 일입니다. 이러한 오해는 매도자가 시장 상황을 정확히 파악하지 못하고, 현실과 동떨어진 기대를 가지는 데서 기인합니다.

부동산 거래에서 항상 이익이 보장된다는 잘못된 믿음은 분명히 깨어야 할 생각입니다. 실제로 부동산 시장이 하락세를 보일 때 손해를 보는 경우가 많으며, 모든 부동산 거래가 반드시 수익을 가져다주는 것은 아닙니다. 이익과 손해는 시장의 상황, 부동산의 위치, 상태 등 매우 다양한 요인에 의해 결정되기 때문에, 부동산 판매 시 현실적이고 실용적인 접근 방식이 필요합니다. 매도자는 시장 동향을 주의 깊게 관찰하고, 부동산의 가치를 객관적으로 평가하여 합리적인 판매 전략을 세우는 것이 중요합니다. 또한, 시장 조건이 변할 수 있음을 인식하고, 유연하게 대응하는 태도를 가지는 것이 중요합니다. 이러한 접근 방식은 부동산 판매 과정에서 예상치 못한 손실을 방지하고, 가능한 최선의 결과를 도출하는 데 도움이 될 것입니다.

집 판매 과정에서 성공을 거두기 위해서는 잘못된 믿음을 버리고 현실적이며 합리적인 접근을 취하는 것이 핵심입니다. 이는 객관적인 시장 가치의 평가와 더불어 다양한 판매 전략을 고려하며, 필요에 따라 가격 조정에 대해 열린 마음을 갖는 것을 포함합니다. 이러한 접근 방식을 통해 매도자는 판매 과정을 더욱 원활하게 진행할 수 있으며, 결국에는 만족할 만한 결과를 얻을 수 있습니다.

부동산 판매는 단순히 가격 설정과 광고에 국한되지 않으며, 시장의 변화에 민감하게 반응하고, 잠재 구매자의 요구와 기대를 충족시키기 위한 전략적인 노력이 필요합니다. 매도자가 이러한 요소들을 적극적으로 고려하고 실행에 옮긴다면, 판매 과정에서 예상치 못한 도전을 극복하고, 성공적인 부동산 거래를 완성할 수 있을 것입니다.

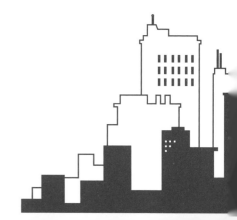

2장

더 잘 사는 법

1

왜 싸게 사야 할까?

지금까지 우리는 매도인의 입장에서 집을 어떻게 인식하고, 매매 전략을 어떻게 세워야 하는 지에 대해 이야기했습니다. 이 과정에서 중요한 전제 조건이 하나 있습니다. 바로, 성공적인 매도를 위해서는 먼저 저렴한 가격에 집을 구매할 수 있어야 한다는 점입니다. 집을 싸게 사는 것은 투자의 첫 단계로 매우 중요합니다. 그러나 부동산 초보자들에게는 저렴하게 집을 구매하기란 쉽지 않습니다. 부동산 시장에 대한 분석이 충분하지 않고, 집의 실제 가치를 정확히 파악하지 못하는 경우가 많기 때문입니다. 충동적으로 구매를 결정하는 일도 자주 발생합니다. 특히 상승장에서는 집의 가격이 더 오를 것이라는 기대감 때문에, 실제 가치보다 훨씬 높은 가격에 집을 구입하는 경우가 종종 있습니다.

그렇다면 왜 집을 무조건 싸게 사야 할까요? 가장 직관적인 답은 판매할 때 높은 수익을 기대할 수 있기 때문입니다. '싸게 사야 잘 팔 수 있다.'는 원칙은 부동산 투자의 기본입니다. 구입 가격이 낮을수록, 판매할 때의 이익은 상대적으로 높아집니다. 예를 들어, 시장 가치가 5억 원인 부동산을 4억 5천만 원에 구입했다면, 기본적으로 최소 5천만 원의 이익을 기대할 수 있습니다. 만약 시장 조건이 개선되거나 부동산 자체를 업그레이드하여 가치를 증가시킨다면, 이익은 기본 예상치를 훨씬 초과할 수 있습니다. 이와 같이, 저렴한 가격에 구매한 부동산은 판매 시 수익성 면에서 매도인에게 유리한 조건을 만들어 줍니다. 이는 부동산 투자에서 이익을 극대화하는 핵심 전략으로, 투자자들은 이를 통해 재산을 늘릴 기회를 얻게 됩니다.

집을 저렴하게 구입하는 전략은 부동산 시장의 변동성에 따른 리스크를 최소화하는 데 핵심적인 역할을 합니다. 부동산 시장은 경제적, 사회적 변화에 매우 민감하며, 이로 인해 큰 변동성을 경험할 수 있습니다. 예를 들어, 코로나19 이후의 부동산 시장은 불확실성의 대표적인 사례입니다. 당시 많은 이들이 지속적인 가격상승을 예상했으나, 팬데믹 이후 시장은 예상과 달리 하락세로 전환되었습니다. 저렴한 가격에 부동산을 매입하는 것은 단순히 낮은 구매 가격의 장점을 넘어서, 이러한 경제적 변동에 대비한 중요한 전략입니다.

특히 시장이 하락할 때 저렴하게 매입한 부동산은 투자자에게 회복을 기다릴 수 있는 여유를 제공합니다. 나아가 시장이 다시 상승세를 보일 때 더 큰 이익을 얻을 기회를 제공합니다. 장기적인 관점에서 투자의 안정성과 수익성을 동시에 추구할 수 있죠. 이처럼, 저렴한 매입 가격은 투자자들이 부동산 시장의 불확실성 속에서도 안정적인 수익을 창출할 수 있는 강력한 수단이 됩니다.

부동산을 저렴하게 매입하는 것은 매도 시 가격 협상에서 매도자에게 유리한 위치를 제공합니다. 가격 인하에 대한 부담을 덜면서 협상에 임할 수 있는 여유가 생기기 때문입니다. 이미 충분한 수익이 확보되어 있을 때, 매도자는 가격 인하에 대한 압박을 상대적으로 덜 느낍니다. 이는 매도 시점에 더 유연한 협상 전략을 취할 수 있게 해줍니다. 예를 들어, 매수자가 가격을 낮추기를 원할 경우, 매도자는 자신이 이미 확보한 수익을 기반으로 가격 인하 요청에 유연하게 응할 수 있습니다. 이와 같은 접근 방식은 매도자가 가격 인하에 대해 더 개방적으로 대처할 수 있도록 하며, 동시에 합리적인 가격대에서 부동산을 판매할 수 있는 더 넓은 범위를 제공합니다.

마지막으로 집을 싸게 매입하는 것은 집을 개선하고 업그레이드하는 데 필요한 추가 자본을 확보하는 데 큰 도움이 됩니다. 이 잉여자본을 활용하여 스타일링이나 보수 작업에 투자할 수 있습니다. 예를 들어, 부동산 구매 비용을 1000만 원 절약할 경우, 이 중 500만 원을 주방의 개선에 할당할 수 있습니다. 이를 통해 주방 가구의 싱크대를 개선하거나, 기존 구조를 유지하면서 문짝이나 상판만 교체하는 등의 작업을 진행할 수 있습니다. 또한, 욕실 개선에는 변기, 세면대, 타일 교체 등에 약 300만 원의 예산을 사용할 수 있으며, 도배 작업에는 100만 원에서 200만 원 사이의 비용이 소요됩니다. 이러한 개선 작업을 통해 부동산을 마치 새 집처럼 변모시킬 수 있습니다. 이처럼 저렴하게 매입한 부동산에 투자함으로써, 비용 대비 가치를 효율적으로 높이는 다양한 방법을 구현할 수 있습니다. 이 과정은 투자한 금액 대비 높은 가치 상승을 기대할 수 있게 하며, 부동산의 매력을 극대화하여 추후 판매 시 더 나은 가격을 협상할 수 있는 기반을 마련합니다.

2

어떤 집을 사야 할까?

　주택 구매는 인생에서 중대한 결정 중 하나로, 어떤 집을 선택할지 결정하는 것은 매우 신중하게 이루어져야 합니다. 올바른 기준을 설정하는 것은 재정적 손실을 예방하고, 장기적으로 만족감을 높이는 데 핵심적인 역할을 합니다. 따라서 집을 구매하기 전에 고려해야 할 요소들을 면밀히 검토하고, 이를 바탕으로 투자 결정을 내리는 과정은 매우 중요합니다. 잘못된 선택은 불필요한 재정적 손실을 초래할 수 있으며, 이는 결국 장기적인 불만족으로 이어질 수 있습니다. 그러므로, 구매 과정에서 고려해야 할 다양한 요소들에 대한 이해는 올바른 주택 선택에 있어 필수적입니다. 이를 통해, 우리는 재정적으로 현명하고 만족스러운 주택 구매 결정을 내릴 수 있습니다.

집을 구매할 때, 가격은 우선적으로 고려되어야 하는 중요한 요소입니다. 모든 거래에 있어서 가격이 중요한 것처럼 부동산 거래에서도 마찬가지입니다. 적정한 가격을 알아보는 가장 객관적인 방법은 실제로 부동산이 거래된 금액, 즉 실거래가를 확인하는 것입니다. 실거래가는 부동산 시장에 나와 있는 가격인 '호가'와 실제 거래된 가격 사이의 차이를 나타내며, 이를 통해 부동산의 실제 가치를 평가할 수 있습니다.

일반적으로 실거래가보다 최대 5% 범위 내의 가격 차이를 두는 매물을 시장에서 적정 가격으로 간주합니다. 이러한 정보는 부동산 거래 시 공정한 가격 책정에 도움을 주며, 구매자가 현명한 결정을 내릴 수 있는 기준을 제공합니다. 따라서, 부동산을 구매할 때는 실거래가를 확인하여, 해당 부동산의 가격이 시장 가치에 부합하는지 판단하는 것이 중요합니다.

실거래가는 부동산 거래에 있어 중요한 지표이지만, 모든 집이 동일한 조건을 가지고 있는 것은 아니기 때문에 항상 결정적인 기준이 될 수는 없습니다. 집의 디자인이나 리모델링의 필요성 같은 요소들도 구매 결정에 있어 중요한 고려 사항입니다. 예를 들어, 추가적인 개선 작업 없이 바로 입주가 가능한 상태의 집은 리모델링 비용이 절약되므로, 실거래가보다 높은 가격에 거래될 수 있습니다. 반대로, 리모델링이 필요한 집은 그 비용을 고려하여 실거래가보다 낮은 가격에 거래되는 경우가 많습니다. 이처럼, 집을 구매할 때는 실거래가만을 기준으로 삼기보다는, 해당 부동산의 상태, 디자인, 개선 필요성 등을 종합적으로 고려하여 가치를 판단해야 합니다.

증여나 상속과 같은 비정상적인 거래는 부동산 거래 시 주의해야 할 사항 중 하나입니다. 이러한 거래는 실거래가와 20% 이상의 큰 차이를 보이는 경우가 많아, 정상적인 시장 거래로 간주하기 어렵습니다. 또한, '호가', 즉 부동산 시장에 나와 있는 매물의 요구 가격도 중요한 판단 기준이 됩니다. 실거래가 대비 10% 이상 차이 나는 호가를 가진 매물은 시장 가치와 현저히 벗어난 경우가 많으므로, 피하는 것이 현명합니다. 이처럼, 부동산을 구매할 때는 실거래가뿐만 아니라 호가와 같은 다양한 요소를 고려해야 하며, 비정상적인 거래 패턴을 식별하는 것이 중요합니다. 이를 통해 구매자는 불합리한 가격에 대한 리스크를 줄이고, 보다 합리적인 거래 결정을 내릴 수 있습니다.

예산 범위 내에서 적절한 집을 선택하는 것은 부동산 구매 과정에서 매우 중요한 고려 사항입니다. 금리가 평균 6%일 경우, 연소득의 30% 이내에서 월 이자를 납부할 수 있는 주택을 고르는 것이 경제적으로 안정적인 선택으로 권장됩니다. 이 방법은 재정적 부담을 최소화하면서도 안정적인 주거 환경을 확보하는 방법으로, 실제 구매 가능한 예산을 기반으로 한 안전한 투자 전략을 제시합니다. 이러한 접근 방식을 통해, 구매자는 자신의 경제적 여건 내에서 최적의 부동산을 선택할 수 있으며, 이는 장기적으로 재정적 안정성을 유지하는 데 도움이 됩니다.

하지만, 예산 전략은 상황에 따라 유연해야 합니다. 특정 위치나 구조와 같이 자신의 요구에 완벽하게 부합하는 매물이 시장에 나타나면, 미래 가치를 고려하여 연소득의 최대 50%까지 이자를 납부할 수 있는 대출을 고려하는 것이 현명할 수 있습니다. 예를 들어, 연소득이 5,000만 원인 경우, 연간 이자 납입액은 최대 2,500만 원까지 가능하며, 이는 대략 3억 5천만 원에서 4억 5천만 원 사이의 대출 금액에 해당합니다. 특히, 시장에서 급매물로 판단되는 경우에는 자신의 적정 예산 범위 내에서 적극적으로 구매를 고려하는 것이 좋은 전략이 될 수 있습니다. 이러한 접근 방식은 장기적인 가치와 현재의 기회를 모두 고려한 유연한 투자 결정을 가능하게 합니다.

부동산 선택 시 위치는 매우 중요한 요소로 작용합니다. 이는 주거지의 생활 편의성과 직접적인 관계가 있기 때문입니다. 특히, 직주근접은 많은 이들이 원하는 조건 중 하나로, 근무지와의 거리가 짧을수록 일상생활의 질이 개선됩니다. 그러나 이러한 이점을 제공하는 주택은 대개 가격이 높은 편입니다. 반면, 대중교통을 통한 출퇴근이 용이하다면, 직장이 다소 멀리 있더라도 넓은 생활권을 누릴 수 있습니다. 이는 교통의 편리성이 주거 선택에 있어 중요한 고려 사항임을 의미하며, 이를 통해 비용 대비 높은 생활 만족도를 얻을 수 있습니다.

위치 선정은 개인의 생활 패턴과 선호도에 따라 크게 달라질 수 있으며, 이를 통해 각자에게 최적화된 주거지를 찾을 수 있습니다. 예를 들어, IT 분야에서 바쁘게 일하는 직장인의 경우, 대부분의 시간을 회사와 집에서 보낼 것입니다. 이런 생활 패턴을 고려할 때, 직장 근처에 위치하면서 도심의 다채로운 문화생활을 즐길 수 있는 지역에 거주하는 것이 이상적일 수 있습니다. 따라서 직장에서 지하철로 30분 거리 내에 있는, 다양한 생활 편의 시설이 잘 갖춰진 지역의 아파트는 바쁜 직장인의 라이프스타일에 맞춰 적합한 선택이 될 것입니다. 이처럼 개인의 일상과 우선순위를 고려한 위치 선정은 생활의 질을 높이는 데 중요한 역할을 합니다.

부동산 투자에서 물건의 잠재력을 평가하는 것은 장기적 관점에서 매우 중요합니다. 급매의 경우, 매도인의 급박한 경제 상황으로 인해 시장 가격보다 훨씬 낮은 가격에 매물이 나오게 되는 경우가 있으며, 이는 투자자에게는 탁월한 기회가 될 수 있습니다. 급매물은 일반적으로 시장에서 거래되는 가격보다 현저히 낮은 가격에 나오는 매물을 의미합니다. 급매물로 판단하기 위한 구체적인 기준은, 수도권을 예로 들 때, 실거래가 대비 가격이 5% 이하로 설정된 매물을 의미합니다. 이러한 매물은 구매 후 단기간 내에 가치가 상승할 잠재력을 가지고 있어, 장기적인 관점에서 투자자에게 유리한 조건을 제공합니다.

물건의 속성, 즉 특수성과 대중성은 매수자가 주택을 선택할 때 매우 중요한 요소입니다. 특히 대중적으로 선호되는 주택은 높은 유동성과 재판매 가치를 가지며, 이로 인해 시장에서의 수요가 높아집니다. 대중성이 높은 주택, 예를 들어 편리한 위치에 있는 아파트나 교통이 용이한 지역의 단독주택 등은 많은 사람들에게 선호되어 투자 가치가 높게 평가됩니다. 이는 단순히 현재의 거주 목적뿐만 아니라, 미래에 이 주택을 재판매하거나 임대할 때 더 높은 가치를 기대할 수 있음을 의미합니다. 따라서 투자자나 주택을 구매하려는 사람들은 단지 주택의 가격이나 크기만을 고려하는 것이 아니라, 해당 주택이 가진 대중성과 그로 인해 발생할 수 있는 장기적인 가치 상승 가능성을 심사숙고해야 합니다.

위에서 언급된 다섯 가지 요소 중 가장 중요한 것을 꼽자면, 대중성, 가격, 그리고 예산이 될 것입니다. 특히 대중성은 주택 선택에 있어 매우 중요한 요소인데, 이는 대한민국에서 대부분의 사람들이 선호하는 주택 유형, 즉 아파트를 의미합니다. 아파트는 다양한 편의 시설과 교통, 교육 환경 등을 종합적으로 고려할 때 가장 널리 선호되는 주거 형태입니다. 이러한 대중성은 재판매 시 높은 유동성과 안정적인 가치를 보장하기 때문에 중요하다고 할 수 있습니다. 따라서 적정한 예산 안에서 대중적으로 선호되는 주택 유형을 선택하는 것은 투자 가치와 개인의 생활 만족도를 동시에 고려한 현명한 결정이 됩니다. 가격과 예산은 이러한 선택을 실현 가능하게 하는 기본적인 틀을 제공하며, 장기적인 재산 가치 상승과 생활의 질 향상을 위한 안정적인 기반을 마련해줍니다.

3
언제 사야 하나?

　부동산 투자는 시장의 리듬을 읽고, 구매 타이밍을 정확히 파악하는 것이 핵심입니다. 부동산 가격은 경기 사이클에 따라 크게 변동합니다. 우리는 이러한 변동성 속에서 최적의 구매 시점을 찾아야 합니다. 이때, 금리는 주요 지표가 될 수 있습니다. 금리의 상승과 하락은 부동산 가격에 직접적으로 영향을 줍니다. 금리는 부동산을 매수할 때 생기는 은행 대출이자를 결정짓기 때문이죠. 고금리 시기에는 부동산 가격이 하락하는 경향이 있는 반면, 반대로, 저금리 시기에는 대출이자 부담이 줄어 많은 사람들이 부동산 구매를 고려하게 되어 가격이 상승합니다. 우리는 이러한 금리 변동을 주시하고 부동산 시장의 리듬을 파악하여 투자의 최적 타이밍을 결정할 수 있습니다.

먼저 현재와 같은 고금리 상황 속에서 부동산 가격은 어떻게 될까요? 기준금리가 높은 상황 속에서는 부동산 가격 하락이 일어납니다. 지금과 같은 부동산 하락장 속에서 집의 가치는 저평가되기 마련입니다. 이때 우리가 집을 구매하면 시세보다 저렴하게 구매할 수 있습니다. 다시 말해 저평가된 시장 상황에 맞춰 부동산을 매입하면 이른바 '급매효과'를 누릴 수 있습니다. 예를 들어 부동산 하락장으로 인해 집이 평균 시세 대비 2억이 하락했다면, 급매물이 아니라도 저렴하게 집을 매입할 기회가 생깁니다. 급매로 집을 사는 것과 비슷한 가격 수준 혹은 더 저렴한 가격으로 집을 구매할 수 있습니다.

금리가 5~6% 이상 오른 후 1년에서 1년 반 사이에 나타나는 급매물은 훌륭한 투자 기회를 제공합니다. 고금리 때문에 부동산 가격이 내려가고, 사람들은 구매를 꺼리게 됩니다. 이때가 부동산을 저렴한 가격에 살 수 있는 최적의 시기입니다.. 이 기간에 급매물은 일반 시세보다 훨씬 저렴한 가격으로 시장에 나옵니다. 이런 급매물은 당연히 투자 가치가 매우 높습니다. 따라서, 이 시기를 잘 활용하면 부동산 투자를 통해 큰 이익을 기대해 볼 수 있습니다.

여기서 질문이 생길 수 있습니다. 고금리는 높은 대출이자를 수반하는데, 대출이자는 어떻게 감당해야 할까요? 실제로 많은 사람들이 부동산 가격이 하락하는 고금리 시기를 매수의 최적 기회로 인식하지만, 높은 대출이자와 가격이 더 떨어질 가능성 때문에 매수를 망설이곤 합니다. 그러나 우리는 이런 상황에서도 시장에 적극적으로 참여해야 합니다. 많은 이들이 인지하고 있듯이, 부동산 시장에서 고금리는 매수 기회를 의미합니다. 물론 높은 이자 부담과 가격 하락의 리스크는 고려해야 합니다. 그러나 이를 기회로 삼아 신중하게 시장에 진입한다면, 장기적으로 큰 이익을 얻을 수 있습니다. 이는 결국 대출이자 부담을 상쇄할 수 있는 투자 전략의 일부분입니다.

5~6%의 금리 언급은 고금리 상황을 가정한 것으로, 이는 대출이자에 대해 보수적인 태도를 취하고 예산을 신중하게 결정해야 함을 의미합니다. 이런 접근을 통해 시장 가치 대비 저렴한 가격으로 집을 구입할 수 있는 기회를 마련할 수 있습니다. 또한, 정부가 발표하는 기준금리의 변화를 주시하는 것이 중요합니다. 중앙은행이 기준금리를 동결하면 부동산 가격 추이를 관찰하고, 기준금리가 하락한다면 부동산의 상승 추이를 면밀히 살펴보아야 합니다. 특히 아파트 분양시장에서 미분양이나 마이너스피가 시작되는 시점을 정확히 파악하는 것이 중요합니다. 이러한 전략은 부동산 시장에서 유리한 위치를 확보하기 위한 필수적인 접근 방법입니다.

반대로 저금리 시기에는 부동산 시장이 과열되기 쉽습니다. 이 때 기준금리가 1%대로 낮아지면 대출을 받아 부동산에 투자하려는 사람들이 많아집니다. 결과적으로 '너도 나도' 부동산을 구매하며 시장은 상승세를 나타냅니다. 이 과정이 부동산 가격 상승의 주된 원인 중 하나로 작용합니다. 그러나 이러한 시기에 투자하는 것은 위험을 수반할 수 있습니다. 중요한 점은 부동산 가격 상승세가 기준금리의 하락으로 주도된다는 것을 인지해야 한다는 것입니다. 부동산 시장이 상승기일 때, 미래 가치가 이미 가격에 반영되어 있어, 급매물이라 할지라도 실제로는 타이밍상 좋은 구매가 아닐 수 있습니다.

부동산 시장이 정점에 도달했다는 신호를 파악하는 것은 여러 요인을 통해 이루어집니다. 가장 분명한 징후 중 하나는 기록적인 가격 상승과 동시에 나타나는 FOMO 현상, 즉 '뒤처지고 싶지 않은 공포'입니다. 이 공포감은 시장에 대한 관심을 급격히 증가시키며, 이는 다시 투자 세미나의 증가와 부동산 전문가들의 활발한 활동으로 이어집니다. 이 시점에 아파트 분양시장이 활성화되며, 분양가의 프리미엄이 상승하는 경향도 관찰됩니다. 이러한 현상들은 부동산 시장이 고점에 이르렀음을 나타내는 중요한 지표로 볼 수 있으며, 투자자들은 이러한 변화를 면밀히 관찰하여 시장의 동향을 예측해야 합니다. 시장의 과열은 곧 조정이 이루어질 수 있음을 암시하므로, 이 시기에는 신중한 투자 결정이 요구됩니다.

하지만, 이런 기대감은 종종 시장의 과열 상태를 반영하며, 장기적으로 지속될 수 없는 상황임을 암시합니다. 따라서, 이런 분위기가 감지될 때는 시장이 고점에 도달했을 가능성이 높기 때문에 투자에 있어 더욱 신중한 접근이 요구됩니다. 고점에서의 투자는 고위험을 수반할 수 있습니다. 이러한 시점에는 투자 결정을 내리기 전에 시장의 전반적인 상태를 면밀하게 분석하고, 과열된 분위기에 휩쓸리지 않는 것이 중요합니다.

가격 상승과 공급 증가가 동시에 이루어지는 시기는 부동산 구매를 피해야 할 때입니다. 반대로, 부동산 가격 상승률이 둔화되거나 하락하고, 공급이 줄어드는 시점은 구매를 고려해야 할 좋은 기회로 볼 수 있습니다. '분양 프리미엄'이라는 용어가 뉴스에 자주 등장할 때는 부동산 시장에서 한발 물러서는 전략이 현명할 수 있습니다. 반면, "미분양"이라는 단어가 언급될 때는 부동산 시장에 대한 관심을 다시 높이고 적극적으로 시장을 조사할 시점임을 의미합니다. 수요와 공급의 불일치가 발생하는 순간은 부동산을 더 저렴한 가격에 구입할 수 있는 이상적인 타이밍을 제공합니다.

내 집 마련을 위한 투자는 고금리 시기에 진행하는 것이 유리할 수 있습니다. 고금리 시기는 경기 침체와 금리 상승으로 인해 부동산 가격이 하락하는 경향이 있기 때문입니다. 이러한 시기에 부동산을 구입하면, 장기적으로 볼 때 상당한 수익을 기대할 수 있습니다. 따라서, 시장의 변동성을 면밀히 분석하고, 부동산 시장의 흐름을 정확히 이해하여 적절한 투자 전략을 수립하는 것이 중요합니다. 이는 고금리 시기에 내 집 마련의 기회를 포착하고, 장기적 관점에서 더 큰 수익을 얻을 수 있는 방법을 모색하는 데 도움이 됩니다. 부동산 시장의 주기적인 변동을 이해하고, 이를 기반으로 한 신중한 결정은 성공적인 부동산 투자의 핵심입니다.

4
레버리지를 과감하게 이용하라

저는 한국 사장학교에서 "고수의 인문학콘서트"라는 독서모임을 참여하였습니다. 이 모임에 참석하는 분들은 사업을 운영하면서 시간, 돈, 그리고 일에 대한 레버리지 활용의 중요성을 잘 아는 사람들입니다. 참고로 레버리지란 지렛대를 의미하는 레버에서 파생된 말로 사전적으로는 지렛대의 원리라는 의미합니다. 타인자본 또는 시간을 지렛대 삼아 자기자본 이익률을 높이거나 시간의 생산성을 얻는 효과를 일컫습니다. 다시 독서모임에 대해 설명하겠습니다. 이 독서모임에서는 저는 특히 '한스컨설팅'의 한근태 소장님의 사례가 인상 깊었습니다. 소장님은 강의나 골프를 가실 때 개인 차량 대신 콜밴을 이용하셨습니다. 이는 바쁜 일상 속에서 직접 운전하며 이동하는 시간을 효율적으로 활용하기 위함이었습니다.

이동 시간에 강의 준비나 독서를 하며, 대리운전을 통해 운전으로 인한 스트레스로부터 자유로워 컨디션을 유지할 수 있는 것이었습니다.

한 사람이 소비할 수 있는 에너지는 한정되어 있습니다. 이는 아무리 많이 사용하고 싶다 해도 그 가능성에는 분명한 한계가 존재한다는 것을 의미합니다. 따라서, 자신이 중요하게 생각하는 부분이나 더 잘 수행할 수 있는 활동에 에너지를 집중하는 것이 필수적입니다. 사소한 일들은 그 일을 잘 할 수 있는 다른 사람에게 맡김으로써, 시간 레버리지를 효과적으로 활용할 수 있습니다. 이를 통해 개인은 자신의 시간을 더 가치 있는 일에 투자함으로써, 자신에게 더 좋은 결과를 가져다 줄 수 있는 방법을 찾게 됩니다.

레버리지는 일상 생활에서 자주 접하게 되는 개념입니다. 사실상 모르는 사람이 없을 정도로 흔하며, 우리는 일상에서 이를 경험합니다. 이는 더 적은 돈을 투입하여 더 큰 금액을 벌어들이거나, 더 짧은 시간 동안 더 많은 시간을 확보하거나, 더 적은 노력으로 더 많은 성과를 얻는 방법을 의미합니다. 간단히 말해, 최소의 투입으로 최대의 결과를 얻는 것입니다. 레버리지는 때로는 다른 사람들의 자본이나 시간을 활용하는 방식으로 작용할 수 있으며, 반대로 우리가 다른 사람의 계획에서 레버리지의 대상이 될 수도 있습니다. 이는 더 적은 것으로부터 더 큰 것을 얻어내는 일종의 과학적 방법으로, 지렛대의 원리를 적용한 전략입니다. 실제로 우리가 가진 힘보다 훨씬 무거운 물체를 들어 올릴 수 있는 것처럼, 레버리지는 우리가 생각하는 것 이상의 결과를 가져다 줄 수 있습니다.

부동산 투자에서도 레버리지의 원칙은 마찬가지로 적용됩니다. 이를 효과적으로 활용하는 사람들은 지속적으로 부를 축적하게 됩니다. 예를 들어, 세입자와 집주인의 관계에서 세입자는 집주인의 계획에 따라 움직이며, 사실상 레버리지의 영향을 받고 있습니다. 집주인은 세입자로부터 임대 수익을 얻으며, 계약 기간이 종료될 때 가격 상승분을 반영하여 다시 임대료를 조정함으로써 수익을 극대화합니다. 대다수 사람들은 시간, 노동, 그리고 돈이 정비례한다고 생각하며, 더 많은 돈을 벌기 위해 더 많은 시간과 노동을 투입합니다. 그러나 부자들은 이러한 관계가 실제로는 반비례할 수 있다는 사실을 잘 알고 있습니다. 즉, 레버리지를 통해 타인의 자본을 활용하여 자신의 투자 수익을 증대시키는 전략을 채택함으로써, 더 적은 노력으로 더 많은 수익을 창출하는 것입니다. 이는 투자의 성공을 위해 필수적인 전략 중 하나입니다.

저는 부동산 석사 과정을 마치고 장위뉴타운 지역에 빌라에 투자를 결정했습니다. 당시 장위뉴타운은 서울시의 노후 도시를 대상으로 한 도시재생과 균형 발전을 촉진하는 슬로건 아래, 뉴타운 재개발 정책이 활발히 진행 중이었습니다. 제가 작성한 논문은 '서울시 뉴타운 투자 분석에 관한 연구'로, 재개발 투자의 성공 여부를 결정짓는 중요한 요소로는 입주권 획득을 위한 대지 지분과 건물 평가의 이해가 필수적임을 다루었습니다. 정확한 부동산 시장 분석도 중요하지만, 여기서 제가 논하고자 하는 것은 투자 분석법 자체가 아니라 레버리지의 중요성에 대한 것입니다. 레버리지는 이러한 투자 과정에서 자본을 최대한 활용하여 더 큰 수익을 창출하는 데 결정적인 역할을 합니다.

얼마 전에 임차인과의 통화가 있었습니다. 이는 전세보증금 인상을 요청하기 위한 목적이었습니다. 임차인은 40대 가정으로, LH 전세 제도를 통해 대출을 받아 현재 거주 중이었습니다. 처음 제가 이 집을 매입할 때는 1억 1천 4백만 원에 대해 6천만 원의 대출을 받았습니다. 정부 정책에 따라 약 2년간의 실거주 후, 현재 세입자에게 6천 5백만 원의 전세를 주었습니다. 이 과정에서 대출 일부를 상환하며 전세금으로 초기 투자금을 회수할 수 있었습니다. 현재 해당 부동산의 시세는 3억 5천만 원으로 평가되며, 이로 인해 세입자는 전세금을 4천만 원 추가로 부담해야 하는 상황에 놓여 있습니다. 이와 같은 사례는 주변에서도 흔히 볼 수 있습니다. 해당 부동산에 대한 대출 이자로 지금까지 약 3,000만 원이 소요되었음에도 불구하고, 단순 계산상으로는 초기 투자 대비 부동산 가치가 3배 증가하여, 수익률은 10배 이상을 기록하고 있습니다.

반면에 세입자의 상황을 살펴보면, 동일한 주택을 단지 사용 목적으로만 바라본다는 점이 드러납니다. 세입자는 소유자를 위해 주택을 관리하고, 주택 소유자의 대출금 상환을 위해 전세금이라는 형태로 상환금을 지불했습니다. 주택 가격이 상승함에 따라, 세입자는 상승한 만큼 전세금을 추가로 부담해야 하는 처지가 되었습니다. 이러한 상황에서 세입자는 저축을 늘리고, 더 많은 일을 하더라도 계속 오르는 전세금을 감당하기 어려운 시대에 살고 있습니다. 저는 해당 주택을 구매할 때 은행의 도움을 받았고, 실질적으로 세입자의 도움으로 이득을 얻었습니다. 이는 정말 최소한의 노력으로 최대한의 이득을 얻는 상황이며, 이것이 바로 레버리지의 활용입니다.

이자 비용에 대한 걱정이 여전히 남아있다면 이렇게 생각해보면 어떨까요? 저는 월 18만 원짜리 장기적금을 통해 16년 이후 3.5억을 받는 셈이 됩니다. 나아가 앞으로 이 적금은 점점 더 높은 수익률을 보일 것입니다. 단순 계산만으로도 대출이자가 실제로 큰 손실을 의미하지 않는다는 것을 알 수 있습니다. 어떤 이들은 부동산 가격의 하락이 손실을 의미하지 않느냐고 물을 수 있습니다. 실제로 저 역시 해당 주택을 구입한 후 가격의 상승과 하락을 경험했습니다. 하지만 시간이 흐르면서 실물자산의 가치는 올라만 가고 하락하기 어렵다는 것을 깨달았습니다. 장기적인 투자 관점에서 보면 손실은 거의 없다고 할 수 있습니다. 이는 마치 장기적금을 든 것과 같은 개념으로 이해해야 합니다. 통화량이 증가하면 화폐의 가치는 떨어지고, 이로 인해 물가 상승과 인플레이션이 발생합니다. 생필품, 건축 자재, 인건비의 상승은 실물자산 가격의 자연스러운 상승을 이끕니다. 따라서 부동산 가격의 상승이 대출 이자를 크게 상회하는 것은 당연한 결과입니다.

부동산 투자를 성공적으로 수행하기 위해서는 레버리지에 대한 이해가 반드시 필요합니다. 이러한 맥락에서 볼 때, 은행은 최고의 공동투자자라 할 수 있습니다. 부동산 구매 시 대출을 제공함으로써, 은행은 투자자의 사업에 자금을 댑니다. 그리고 투자자는 이자를 지불하는 것만으로도 충분합니다. 은행은 투자로 인한 이익에 대해 추가적인 요구를 하지 않으며, 이익이 많이 발생하더라도 그것을 더 요구하지 않습니다. 감정의 충돌 없이 단순히 이자의 지불만을 기대하는, 얼마나 고마운 공동투자자인지를 생각해 볼 필요가 있습니다.

전세 세입자의 상황도 이와 유사합니다. 그들은 거주 기간 중 주택 가격이 상승하더라도, 추가적인 전세금을 요구하지 않습니다. 화폐 가치가 하락하더라도, 약속된 시간에 전세금을 온전히 반환받기만 해도 감사한 마음을 표합니다.

　개인에게 돈을 빌려 투자받았다고 가정할 때, 대부분의 경우 이자 지급 외에도 수익이 많이 발생하면 추가적인 보상, 예를 들어 선물 정도는 제공하는 것이 일반적입니다. 이는 상호 간의 신뢰를 구축하고, 향후 필요할 때 다시 자금을 빌릴 수 있는 길을 열어두기 위함입니다. 반면, 은행과 같은 금융기관은 대출에 대한 이자 외에는 어떠한 추가 요구도 하지 않습니다. 마찬가지로 세입자 역시 전세금 반환만을 기대하며, 특별한 독촉을 하지 않습니다. 이자만 제때 납부하면, 대출기관은 상환을 서두르지 않으며 때로는 더 오래 대출을 이용하도록 권하기도 합니다. 이러한 점에서 은행과 세입자는 정말 최고의 투자자 역할을 합니다. 이들의 존재 자체만으로도 큰 행복을 느끼며, 이를 잘 활용한다면 매우 유익한 제도라고 할 수 있습니다.

　따라서, 부동산 투자에서의 대출이자에 대해 저는 고수익률의 장기적금이나 펀드로 정의합니다. 매달 이자를 저축하는 것처럼 생각해야 합니다. 통화량이 증가함에 따라 실물자산의 가치가 상승하므로, 이로 인해 더 큰 보상을 얻게 됩니다. 실제 적금이나 펀드보다 이 방법이 더 높은 가치를 창출한다는 사실을 인지해야 합니다. 대출이자를 손실로만 여기는 시각을 버리고, 이자를 지출하는 것 자체를 손실로 간주하는 것은 부자의 마인드가 아닙니다. 대출이 있었기 때문에 주택 구매가 가능했으며, 세입자 덕분에 투자 수익도 얻을 수 있었다는 점을 잊지 말아야 합니다. 이러한 관점에서 볼 때, 부동산 투자와 관련된 대출은 투자자에게 장기적인 수익을 안겨줄 수 있는 중요한 수단이 됩니다.

이렇게 생각할 수도 있습니다. 제가 해당 주택을 구매할 때 초기에 투자한 금액은 5천만 원과 보유기간 동안 납부한 세금뿐이었습니다. 실질적으로 대출과 세입자로부터 받은 전세금으로 주택을 소유하게 된 것입니다. 세입자는 전세금으로 대출이자를 지불하며 생활하고, 가격 상승에 따른 대출이자 상승도 합리적으로 여겼습니다. 거주 기간 동안 발생한 투자 수익은 전적으로 제 것입니다. 임차인은 전세기간 동안 저를 위해 레버리지 역할을 하고 있었던 것입니다. 물론, 세입자 입장에서는 전세금이 가족을 위한 거주 공간 확보를 위한 레버리지로 생각할 수 있습니다. 이는 돈의 가치가 감소하는 형태의 레버리지이며, 이를 나쁜 레버리지로 볼 수 있습니다. 좋은 레버리지와 나쁜 레버리지를 구별하는 능력이 중요합니다. 자산을 유지하거나 증가시키고 인플레이션을 방어할 수 있는 것이 좋은 레버리지입니다. 반면, 사용 가치에만 집중되어 있거나 소비재에 투자하는 것은 나쁜 레버리지로 간주됩니다. 이러한 구분을 통해 재테크 전략을 보다 효과적으로 수립할 수 있습니다.

앞서 말씀드린 바와 같이, 레버리지는 재무적 관점에서 타인의 자본을 활용하여 자신의 자본 이익률을 증가시키는 방법을 의미합니다. 만약 타인의 자본을 활용한 투자로 인해 얻는 수익률이 그 조달 비용을 초과한다면, 이는 충분한 레버리지 효과를 발휘하는 것으로 볼 수 있습니다. 지렛대의 원리처럼, 부채 비율이 높을수록, 즉 지렛대가 길수록 더 큰 수익을 올릴 가능성이 커집니다. 나쁜 레버리지와 좋은 레버리지를 올바르게 구분하고 활용하는 것이 중요합니다. 좋은 레버리지는 개인의 자산을 보호하고 증식시키는 수단으로 작용하며, 인플레이션에 대응하는 최적의 방법이 될 수 있습니다.

집을 구매하거나 다른 형태의 투자를 할 때, 우리가 보유한 자본만으로는 부족할 경우 우리는 대출이라는 수단을 통해 레버리지 효과를 발휘할 수 있습니다. 이는 소유하고 있는 자본보다 더 큰 규모의 자본을 활용하여 특정 시점에 집중적으로 투자함으로써 상대적으로 높은 성과를 끌어내는 전략입니다. 융자를 통해 자신의 주택을 마련하는 것 역시 레버리지를 활용한 예로, 이를 통해 불로소득을 얻을 기회를 가질 수 있습니다. 다른 관점에서 보면, 은행은 일정한 이자를 받기를 원하는 세입자와 같이, 자신의 돈을 빌려주고 그 대가로 이자를 받는 역할을 합니다. 이처럼 은행과 세입자 모두 레버리지 과정에서 중요한 역할을 하며, 이를 통해 개인은 자신의 재정 상황을 개선하고 재산을 늘릴 수 있는 기회를 얻게 됩니다.

5

내 집 싸게 사는
협상의 기술

부동산 매수 시점을 결정한 후에는 가격 협상 과정에 집중해야 합니다. 이 과정에서 전략적인 협상은 매우 중요한 역할을 합니다. 우선, 가격 협상을 통해 부동산의 가격을 조정할 수 있을 뿐만 아니라 매수인과 매도인 사이에 신뢰를 쌓는 기회도 될 수 있습니다. 또한, 전략적 협상은 양측이 모두 만족할 수 있는 가격과 조건을 찾는 데 도움을 줍니다. 이는 서로의 입장을 이해하고 상호 만족스러운 결과를 도출하기 위한 전략적 접근이 필요함을 의미합니다. 협상 과정에서는 서로의 요구와 기대를 충분히 고려하여, 양측 모두에게 유리한 조건을 모색하는 것이 중요합니다. 이러한 접근은 거래의 성공 가능성을 높이고, 장기적인 관계 구축에도 긍정적인 영향을 미칠 수 있습니다. 따라서, 협상은 단순히 가격을 조정하는 과정을 넘어서, 서로의 신뢰와 이해를 바탕으로 한 전략적 대화의 장이 되어야 합니다.

가격 협상 과정에서 중개사는 매우 중요한 역할을 합니다. 중개사와의 협상에서는 매수자가 자신의 재정적 상황과 구매 한계를 명확하게 전달해야 합니다. 이는 자금의 약 80~90%를 예산으로 설정하여, 가용한 최대 금액 내에서 협상의 여지를 남겨두는 전략적 접근법을 의미합니다. 예를 들어, 10억 원의 주택 구매를 고려할 때, 예산을 8억 원에서 9억 원 사이로 설정하면, 중개사는 이 한계를 고려하여 적합한 매물을 찾고 해당 범위 내에서 가격 협상을 진행할 수 있습니다. 이러한 방식으로 계획된 목표 금액보다 낮은 수준에서 협상을 시작하는 것은 매수자에게 유리한 조건을 도출할 수 있는 중요한 전략이 됩니다. 이러한 접근은 협상의 유연성을 높이고, 매수자가 재정적 부담을 최소화하면서도 우리가 원하는 부동산을 획득할 수 있는 기회를 제공합니다.

판매자의 경제 상황을 먼저 파악해 보는 것 또한 중요한 협상의 기술 중 하나입니다. 그렇다면, 어떻게 판매자의 경제 상황을 파악할 수 있을까요? 가장 기본적인 방법 중 하나는 등기전부사항을 확인하는 것입니다. 이를 통해 판매자의 금융 상태와 부동산에 대한 정보를 상세히 알 수 있습니다. 등기전부사항증명서를 살펴보면, 판매자가 현재 금융적으로 어려움을 겪고 있는지를 알 수 있습니다. 압류나 경매 등의 기록이 있다면, 판매자가 급히 현금화할 필요가 있는 상황임을 시사합니다. 이러한 정보는 매수인이 협상에서 우위를 점할 수 있는 중요한 근거가 됩니다.

판매자가 부동산을 급히 팔아야 하는 상황은 매수인에게 협상에서 유리한 조건을 만들어낼 수 있는 결정적인 기회가 됩니다. 협상은 궁극적으로 힘의 원리에 따라 움직이며, 판매자의 금융 상태는 등기전부사항증명서를 통해 명확히 확인할 수 있습니다. 가압류, 공동담보와 같은 기록은 판매자가 재정적 어려움에 처해 있다는 것을 분명히 보여주며, 이를 통해 매수인은 협상 테이블에서 강력한 우위를 점할 수 있습니다. 특히, 1금융권이나 2금융권의 가압류 혹은 공동담보가 있을 경우, 매도인은 부동산을 신속히 처분하려고 할 가능성이 높습니다.

이러한 사전 조사는 매수인이 부동산 거래에서 협상력을 대폭 강화할 수 있는 핵심적인 방법입니다. 급매물 대부분이 금전적 이유로 시장에 나오는 경우가 많기 때문에, 이러한 금전적 압박을 겪고 있는 판매자들을 식별하는 능력은 매수인에게 큰 이점을 제공합니다. 이는 부동산 거래에서 매수인이 갖추어야 할 핵심 원칙 중 하나입니다. 매수인이 이러한 정보를 정확히 파악하고 활용함으로써, 협상에서 유리한 조건을 이끌어낼 수 있는 기회를 최대한 활용할 수 있습니다.

부동산 매입 과정에서 매도인을 '찔러보는' 전략은 매우 중요한 접근 방식입니다. 이 과정에서, 매수자는 먼저 주변 부동산의 시세와 실제 거래가격을 면밀히 조사해야 합니다. 이 정보는 매수자가 협상 테이블에서 갖게 될 정보의 우위를 결정짓는 기초 자료가 됩니다. 더 나아가, 현재 시장이 매수자 우위인지, 아니면 매도자 우위인지를 정확하게 분석하는 것도 중요한데, 이는 협상 전략을 수립하는 데 있어 필수적인 요소입니다. 이렇게 파악한 시장 상황과 가격 정보를 바탕으로, 매수자는 매도자에게 가격 협상을 제안하게 됩니다. 이와 같은 방식을 통해 매수자는 협상에서 유리한 위치를 확보할 수 있죠.

중요한 점은 단지 매도인 한 명에만 초점을 맞추는 것이 아니라, 여러 명에게 가격 제안을 하여 매수 가능성을 넓히는 것입니다. 여러 곳에 대한 가격 제안을 통해 매수자는 저렴한 가격에 부동산을 매입할 기회를 높일 수 있습니다. 이러한 전략은 매수자에게 더 많은 정보와 선택권을 제공하며, 결과적으로 더 유리한 협상 조건을 끌어낼 가능성을 높입니다. 특히, 신속하게 매도해야 하는 매도인을 찾아내는 것이 중요하며, 이들을 대상으로 한 집중적인 협상은 매우 효과적일 수 있습니다. 그러므로 여러 부동산을 방문하고 다양한 매물을 확인하는 것이 좋습니다. 이를 통해 매수인은 더욱 유리한 조건으로 부동산을 매입할 수 있습니다.

부동산 거래에서 지급 조건을 매도인에게 유리하게 제안하는 것은 협상에서 중요한 역할을 할 수 있습니다. 계약금을 상대적으로 높게 제시하거나, 계약 체결 후 잔금 지급 기간을 짧게 설정하는 전략은 판매자에게 빠른 현금 유동성을 확보할 수 있게 해주며, 따라서 매우 매력적인 조건으로 작용할 수 있습니다. 이 전략의 핵심은 판매자의 시급성과 금전적 필요를 파악하고, 이에 맞춰 조건을 제안하는 데 있습니다. 예를 들어, 판매자가 다른 투자 또는 긴급한 자금 필요로 인해 신속한 거래를 원하는 경우, 계약금을 높게 설정하고 잔금 지급 기간을 최소화함으로써 판매자의 요구사항을 만족시킬 수 있습니다. 이런 방식으로 계약 조건을 매도인에게 유리하게 설정함으로써, 매수인은 협상 과정에서 강한 입지를 확보할 수 있고, 이는 거래 성사의 확률을 높이는 중요한 요소가 될 수 있습니다. 급매물의 경우, 특정 날짜까지 자금을 마련해야 하는 상황이 많기 때문에, 통상적인 계약보다 높은 계약금을 제안하는 것이 효과적일 수 있습니다.

이처럼 지급 조건을 매도인에게 유리하게 제안하는 방식은 판매자에게 큰 신뢰감을 제공하며, 거래 과정의 불확실성을 줄이는 데 기여합니다. 매수인이 유연한 지급 조건을 제안함으로써, 판매자는 매수인에 대한 신뢰를 갖게 되고, 이는 더 나은 가격 협상 결과로 이어질 수 있습니다. 판매자가 자금의 신속한 회전을 중시하는 경우, 매수인의 이러한 접근 방식은 양측 간의 긍정적인 협상 환경을 조성하며, 이는 결국 양측 모두에게 만족스러운 거래 결과를 가져올 가능성을 높입니다. 이처럼, 매수인과 판매자 사이의 신뢰 구축은 거래의 성공을 좌우하는 중요한 요소로 작용하며, 특히 급매물의 경우 이러한 신뢰감은 매우 결정적인 역할을 할 수 있습니다.

6

집의 숨겨진 가치
발견하기

집을 구매할 때 미래의 재판매 가치를 염두에 두어야 합니다. 현재의 필요뿐만 아니라, 장래에 그 집을 다시 팔아야 할 경우를 고려하여 결정하는 것이 중요하다는 것이죠. 이는 주택의 장기적인 가치를 보장하기 위해 필수적인 단계입니다. 따라서, 주택 가치에 영향을 미치는 다양한 요소들을 심사숙고하여 매매 결정을 내리는 것이 중요합니다. 재판매 가치를 고려하는 것은 집을 선택하는 과정에서 단순히 현재의 생활 패턴이나 필요를 넘어서, 미래의 잠재적인 시장 가치와 그 집이 가질 수 있는 장기적인 투자 가치까지 고려하는 것을 의미합니다. 이러한 관점에서 집을 선택하고 구매하는 것은 장기적인 안목을 가지고 재산을 관리하는 현명한 방법입니다.

공간 레이아웃, 즉 집의 구조가 우수하면 생활의 편리성을 높이고, 집의 장기적 가치를 상승시킬 수 있습니다. 유연하게 공간을 활용할 수 있고, 간단한 개조로 공간을 재구성할 수 있는 집은 다양한 생활 상황에 적응할 수 있는 능력을 갖추고 있어, 미래에도 그 가치를 유지하거나 심지어는 높일 수 있는 잠재력을 지니고 있습니다. 예를 들어, 내부에 실내 조경을 할 수 있는 공간, 충분한 수납 공간, 혹은 운동을 할 수 있는 발코니가 있다면, 그 집은 생활의 질을 향상시키는 동시에 재판매 시 더 많은 잠재 구매자들에게 매력적으로 다가갈 수 있습니다. 내부 구조의 변경이 용이하다는 것은 개인의 취향과 필요에 맞춰 집을 개조할 수 있다는 의미로, 재판매 시 시장의 다양한 요구에 부응할 수 있음을 의미합니다. 집의 구조 변경 가능성은 해당 관리실에서 확인할 수 있으며, 이러한 유연성은 집을 더욱 매력적인 투자 대상으로 만듭니다.

생활에 적합한 크기와 공간 활용의 용이성은 구조를 고려할 때 중요한 기준입니다. 이때 내력벽과 비내력벽의 배치 및 구분에 따라 향후 리모델링이나 공간 재배치가 가능합니다. 내력벽은 건물의 주요 구조를 지지하는 역할을 하므로 철거할 수 없습니다. 반면, 비내력벽은 구조적인 지지 기능이 없어 철거할 수 있습니다. 이로 인해, 거주자는 공간의 구조 및 재배치를 자유롭게 할 수 있으며, 이는 집의 기능성과 사용성을 크게 향상할 수 있는 장점으로 작용합니다. 예를 들어, 확장된 거실 공간이나 개방형 주방을 원할 경우, 비내력벽의 철거를 통해 이러한 변화를 손쉽게 구현할 수 있습니다. 이는 장기적으로 거주 공간의 유연성과 적응성을 보장하는 결정적인 요소가 됩니다.

평수와 구조는 또한 집을 고르는 데 있어 중요한 기준이 됩니다. 30평형에서 39평형 사이의 집이 가족 구성원 수와 생활 방식에 맞는 적절한 공간을 제공하며, 교육 환경이 우수한 지역에서 더욱 선호됩니다. 이 범위의 평수는 높은 전세 수요와 재판매가 용이하고, 안정된 수요로 인해 장기적인 투자 가치를 고려할 때 이상적인 선택으로 여겨질 수 있습니다. 따라서, 이러한 평수의 집을 선택하는 것은 장기적인 관점에서 볼 때 탁월한 결정이 될 수 있으며, 시간이 지나도 그 가치를 유지하거나 심지어 높일 수 있는 잠재력을 지니고 있습니다.

오픈형 구조보다 분리형 현관은 공간을 더 세련되게 연출할 수 있으며, 공간 활용성을 높입니다. 주방과 다용도실의 구조도 마찬가지로 중요합니다. 분리형 현관은 집에 들어서는 순간부터 안정감과 독립된 공간감을 제공하여 효과적입니다. 주방은 가족 구성원이 매일 사용하는 필수 공간이기 때문에, 효율적이고 실용적인 구조를 선택하는 것이 중요합니다. 충분한 수납공간과 작업 공간을 갖춘 주방 디자인은 일상생활의 편리함을 크게 향상시킵니다. 다용도실은 세탁, 보관, 취미 활동 등 다양한 용도로 활용되어 공간의 활용도를 높이며, 이러한 공간들이 잘 조직되어 있을 때 집 전체의 기능성과 생활의 질이 개선되고, 장기적으로 집의 가치를 상승시키는 중요한 요소가 됩니다.

건물의 연식과 현재 상태는 집을 고를 때 반드시 고려해야 하는 중요한 요소입니다. 오래된 건물은 높은 관리 비용과 예상치 못한 수리 필요성을 내포하고 있어, 추가적인 리모델링 비용이 발생할 수 있습니다. 하지만, 재건축을 염두에 두고 투자 목적으로 구매하는 경우는 예외일 수 있습니다. 이와 대조적으로, 연식이 20년 미만인 집은 현대적인 설계와 기능을 갖출 가능성이 높고, 리모델링 비용도 상대적으로 낮을 수 있습니다. 이런 집들은 장기적으로 볼 때 더 나은 투자가 될 수 있음을 의미합니다. 따라서, 집을 선택할 때는 건물의 연식과 현재 상태를 면밀히 검토하여 장기적인 관점에서 현명한 결정을 내리는 것이 중요합니다.

집을 고를 때는 최신 조건을 갖춘 부동산을 선택하는 것이 현명한 결정입니다. 이런 집들은 대부분 리모델링이 필요 없거나, 만약 리모델링이 필요하더라도 주방 가구를 그대로 사용하면서 샤시의 필름 작업 같은 간단한 개선만으로도 새로운 느낌을 줄 수 있습니다. 따라서, 건축연도가 20년을 넘지 않는 집을 선택함으로써, 비용을 절약하고 잠재적인 문제를 최소화할 수 있습니다. 이런 접근 방식은 장기적으로 볼 때 경제적인 이점과 함께 집의 가치를 높이는 데에도 도움이 됩니다.

리모델링이 필요한 집을 저렴하게 구매하여 직접 개보수하거나 홈스테이징을 통해 집의 가치를 올리는 전략이 될 수 있습니다. 이 방식은 초기 투자 비용을 낮추면서도, 후에 큰 수익을 기대할 수 있는 효과적인 방법입니다. 특히, 현관, 천장, 방문, 도배, 바닥 등 실내 인테리어 전반에 걸친 개보수 작업은 집의 분위기를 새롭게 하여 매수자들의 관심을 끌 수 있습니다. 또한, 홈스테이징을 통해 주방, 욕실, 거실을 확장하면 공간의 활용도가 높아지고, 집의 매력이 극대화됩니다. 이 과정에서 뼈대만 남기고 전체적인 인테리어를 개선하는 것은 집의 가치를 실질적으로 높이는 핵심 요소입니다. 집의 매력을 극대화하는 홈스테이징은 잠재 구매자의 눈길을 끌어들이는데 중요한 역할을 하며, 이는 결국 더 높은 판매 가격으로 이어질 수 있습니다.

최근 자연광과 조망권은 주택 가치에 큰 영향을 미치는 중요한 요소로 인식되고 있습니다. 특히, 남향 주택에서의 자연광은 실내를 밝고 생기 넘치게 만들어 주며 에너지 비용 절감에도 기여합니다. 반면 서향이나 북향 주택은 햇볕이 적어 생활에 불편함을 줄 수 있고, 여름엔 실내 온도가 높아져 불쾌감을 유발할 수 있습니다. 우수한 조망권도 주택 선택에 있어 중요한 요인입니다. 영구적인 멋진 조망을 제공하는 주택은 삶의 질을 향상시키며, 이는 주택의 가치를 상승시키는 요소로 작용합니다. 넓은 시야를 제공하는 집에서의 전망은 그 자체로 가치 평가에서 높은 점수를 받을 수 있습니다. 이러한 이유로, 자연광이 풍부하고 조망권이 뛰어난 주택을 선택하는 것은 장기적으로 가치 유지는 물론 거주자의 만족도를 높이는 결정적인 요소가 됩니다. 따라서 주택 구매 시 이러한 조건들을 고려하는 것은 매우 현명한 선택이 될 것입니다.

　마지막으로 부동산 구매를 고려할 때, 해당 지역의 법적 제약과 건축 규제를 사전에 확인하는 것은 필수적입니다. 전원주택 구매 시, 특히 중요한 점은 근린생활시설로의 용도 변경 가능성을 고려하는 것입니다. 용도 변경이 용이한 주택은 장기적으로 보았을 때 투자 가치가 높아집니다. 예를 들어, 카페와 같은 근린생활시설로 전환 가능한 주택은 추가적인 수익 창출 기회를 제공할 수 있습니다. 따라서, 용도 변경이 가능한 주택을 선택하는 것이 유리하며, 이는 집의 활용도를 높이고 투자 가치를 증가시키는 중요한 요

소가 됩니다. 부동산 구매 전 지역의 법적 제약사항과 건축 규제를
철저히 검토하는 것은, 미래에 집의 가치를 높이고 다양한 용도로
활용할 수 있는 가능성을 확보하는 데 필수적인 절차입니다. 이는
구매자가 장기적인 관점에서 현명한 결정을 내릴 수 있게 도와줍
니다.

3장

더 빨리 파는 법

1

왜 빨리 팔려야 할까?

부동산 시장에서는 매물이 신속하게 판매되는 것이 중요합니다. 왜 그럴까요? 부동산 거래에 있어 사람들의 심리의 영향이 크기 때문입니다. 같은 집일지라도 사람들이 어떻게 느끼는가 또는 어떻게 인식하느냐에 따라 집의 가치가 바뀝니다. 집의 물리적인 상태는 변화하는 경우는 드물지만, 이와 달리 사람들의 집에 관한 생각은 시시각각 달라질 수 있습니다. 특히 매도인 입장에서 집이 오랫동안 거래되지 않는다면, 원하는 가격에 집을 판매할 가능성이 점점 낮아질 수 있습니다. 그렇다면 좀 더 구체적으로 왜 집이 빨리 팔려야 할까에 대한 이유를 검토해 보겠습니다.

첫째, 부동산 매물이 시장에 매매되지 않은 채로 오래 머무를수록 집의 신비감은 떨어지게 됩니다. 매수인들은 기존 매물보다는 신규 매물에 더 많은 호기심을 가집니다. 새로움에 이끌리는 것은 인간의 본능입니다. 더 큰 문제는 따로 있습니다. 집이 오랫동안 판매되지 않으면, 구매자들 사이에서는 왜 아직 팔리지 않았는지에 대한 부정적인 추측을 낳게 됩니다. 분명히 무언가 집에 하자가 있을 것이라고 오해를 받게 되는 것이죠.

이는 중고차 거래상황과 유사합니다. 장기간 판매되지 않는 중고차는 종종 매수인들에게 문제가 있을 것이라는 의심을 삽니다. 이러한 의심은 부정적인 가정으로 이어지며, 매물이 침수차일 수 있다거나 불미스러운 사건에 연루되었을 가능성 등을 상상하게 만듭니다. 시간이 지날수록, 이러한 매물은 불리한 조건을 가진 것으로 간주되어 매도인의 협상 위치를 약화시킵니다. 구매자들은 이를 이용해 가격을 더욱 낮출 수 있는 기회로 보고, 결과적으로 판매자는 불리한 입장에 처하게 됩니다. 이 과정은 부동산 시장에서의 장기 미판매 매물에 대한 인식과 유사하며, 매물이 오래도록 팔리지 않는 것 자체가 구매자들 사이에서 부정적인 인식을 낳게 되는 원인이 됩니다. 이는 매도인에게 가격 인하 압박으로 이어지며, 매물에 대한 가치평가에도 영향을 미칩니다.

둘째, 오랜 시간 동안 집이 팔리지 않을 경우 중개사들의 관심도가 떨어집니다. 중개사들은 부동산 계약을 해야만 수익을 올릴 수 있습니다. 따라서 중개사들은 시장 반응이 좋은, 즉 빠르게 거래될 가능성이 큰 신규 매물에 더 많은 시간과 노력을 할애합니다. 심할 경우 시간이 지나면서, 매물이 반응이 없거나 관심을 끌지 못한다면, 중개사들은 그 매물을 포기할 수도 있습니다. 이로 인해 시장에 오래 머문 집은 예비 매수자에게 소개될 확률이 줄어들게 됩니다. 매물이 오래 머무르게 될수록 매도인과 중개사 모두에게 불리한 조건이 형성됩니다. 따라서, 매물을 신속하게 판매하는 것은 중개사의 지속적인 관심을 유발시킬 수 있으며, 이는 곧 매도자가 원하는 가격에 매물을 판매할 가능성을 높입니다.

셋째, 매물이 시장에 오래 머물러 있는 것은 판매자의 이미지에 악영향을 줍니다. 이는 판매자가 시장의 수요와 동향을 제대로 파악하지 못하는 것처럼 보일 수 있으며, 융통성 없는 태도나 고집이 센 인상을 줄 수 있습니다. 이를 방지하기 위해서는 판매자가 시장 동향을 세심하게 관찰하고, 필요한 경우 가격을 탄력적으로 조정하는 것이 중요합니다. 이러한 접근 방식은 매물이 시장에 오래 머물러 있는 상황을 예방하고, 매도인과 구매자 간의 긍정적인 협상 분위기를 만드는 데 기여할 수 있습니다. 적절한 시장분석과 유연한 대응은 판매자의 이미지를 개선하고, 매물의 판매 가능성을 높이는 데 필수적입니다.

넷째, 기회비용의 상실은 부동산이 빠르게 거래되어야 하는 이유 중 하나입니다. 집이 팔리지 않는 동안, 판매자는 다른 투자 기회나 급하게 필요한 자금 조달에 대응할 수 없게 됩니다. 이러한 상황은 판매자에게 금융적 비용의 증가와 시간 가치의 손실을 초래하며, 이는 경제적 관점에서 큰 손실을 의미합니다. 더불어, 집을 조속히 판매하고자 하는 심리적 압박감은 판매자에게 상당한 스트레스를 유발합니다. 특히, 집을 시장에 내놓은 후 예상보다 빠른 거래가 이루어지지 않을 때, 판매자는 점점 더 조급함을 느낄 수밖에 없습니다. 이는 집에 대한 애착과 이사해야 한다는 부담감 사이에서 발생하는 심리적 갈등을 증가시키며, 결국 이러한 압박감은 판매자가 더 낮은 가격에 매물을 내놓게 만드는 원인이 될 수 있습니다.

부동산 시장은 계절에 따라 거래 변동성이 분명합니다. 부동산 거래는 봄과 가을처럼 특정 계절에 더 활발해지는 경향이 있습니다. 이런 시기에 매물을 내놓지 않으면, 매물 거래가 이루어지지 않을 가능성이 커지며, 결국 다음 해당 계절까지 기다려야 하는 상황에 직면할 수 있습니다. 이는 매물에 대한 관심과 거래 가능성이 줄어드는 시간을 의미하며, 판매자에게는 불리한 조건이 됩니다. 따라서, 판매자는 부동산 시장의 계절적 변동성을 이해하고 이를 자신의 이익으로 활용하는 것이 중요합니다. 적절한 시기에 매물을 시장에 내놓음으로써, 가시성과 매력도를 높이고 거래 속도를 가속화할 수 있습니다. 이는 계절의 특성을 알고 이를 활용하는 것이 얼마나 중요한지를 보여줍니다. 이와 같은 전략은 판매자가 유리한 조건에서 매물을 거래할 수 있도록 도와줍니다.

결론적으로, 부동산 매물을 빠르게 판매하는 것은 판매자에게 다양한 이점을 제공합니다. 빠른 판매는 매물에 대한 부정적 인식을 줄이고, 판매자의 협상 위치를 강화시킵니다. 또한, 기회비용의 손실을 방지하며, 계절의 변동성을 활용할 좋은 기회를 마련해 줍니다. 이를 위해, 효과적인 마케팅 전략, 적절한 가격 책정, 시장 동향에 대한 정확한 이해가 필수적입니다. 이러한 요소들은 부동산을 신속하고 효과적으로 판매하는 데 중요한 역할을 하며, 판매자가 시장에서 유리한 위치를 확보할 수 있도록 돕습니다. 결국, 이러한 전략은 판매 과정을 최적화하고, 판매자가 최대한의 이익을 얻을 수 있게 하는 데 기여합니다.

2

내 집 빨리 팔기
위한 첫걸음

   내 집을 빨리 팔기 위해서는 어떻게 해야 할까요? 내 집을 원하는 가격과 시기에 빠르게 팔기 위해서는 집을 하나의 경쟁력 있는 '상품'으로 여겨야 합니다. 이는 단순히 거주 공간을 넘어서, 시장에서 구매자들의 관심을 끌 수 있는 매력적인 대상으로 만들어야 함을 의미합니다. 이를 위해, 철저한 시장 조사와 타겟 구매자의 요구사항을 정확히 파악하는 것이 중요합니다. 시장분석을 통해 현재 부동산 시장의 동향과 가격을 이해하고, 이를 바탕으로 경쟁력 있는 가격 책정이 필요합니다.

   중개사무소에 집을 내놓을 때, 대부분은 가격 결정 이후 판매 과정을 기다리는 데에만 초점을 맞춥니다. 하지만 정말로 집을 잘 팔고 싶다면, 단순히 기다리는 것에서 벗어나 집을 하나의 매력적인 '상품'으로 변모시키는 관점의 전환을 고려해야 합니다. 이는 거주 공간을 넘어서 판매할 상품으로써의 가치를 높이는 과정입니다. 집을 기일 내에 좋은 가격으로 팔기 위해서는, 시장에 나온 다른 집들과의 경쟁에서 우위를 점할 수 있도록 내 집의 매력을 극대화해야 합니다.

이때, 집의 장점을 부각시키고, 가능한 한 최상의 상태로 유지하며, 타겟 구매자의 요구와 기대를 만족시킬 수 있는 맞춤형 마케팅 전략도 함께 수립해야 합니다. 예를 들어, 집의 특징을 강조하고, 잠재적 구매자가 관심을 가질 만한 요소를 전면에 내세워야 합니다. 또한, 시장 조사를 통해 경쟁력 있는 가격을 설정하고, 집을 최대한 매력적으로 보이게 하는 스타일링이나 홈 스테이징을 고려하는 것도 중요합니다. 이런 노력을 통해 당신의 집은 시장에서 눈에 띄게 될 것이며, 원하는 가격에 판매할 가능성을 높일 수 있습니다.

시장상황과 관계없이, 우리가 원하는 시기에 원하는 금액을 받기 위해서는 집이 매력적이어야 합니다. 최상의 상태는 최고의 가격을 유도하는 핵심입니다. 중고차 매매 시장에서도 이를 쉽게 관찰할 수 있습니다. 전시장의 중고차들은 세차, 광택, 필요한 수리를 통해 새 차와 구분이 어려울 정도로 매력적으로 만들어져 있으며, 이는 차량의 현재 가치를 극대화시키기 위함입니다.

마찬가지로, 집도 중요한 자산이며, 올바르게 관리하고 준비한다면 더 높은 가치를 얻을 수 있습니다. 집을 판매할 때, 단순히 시장에 내놓기만 하는 것이 아니라, 집의 매력을 극대화할 수 있는 조치들을 취하는 것이 중요합니다. 이는 청소, 정돈, 수리, 혹은 필요한 경우 리모델링을 포함할 수 있으며, 집의 잠재력을 최대한으로 끌어올려 구매자들에게 최선의 인상을 주어야 합니다.

방문 상담을 통해 많은 집들을 보면서, 청소가 되지 않고 악취가 나며 잡동사니로 가득 찬 집들을 자주 목격합니다. 전등이 고장난 채로 방치된 경우도 흔합니다. 비록 외부 환경에 의한 약점은 있을 수 있으나, 주인의 관리 부재로 인해 집의 가치를 제대로 인정받지 못하는 사례를 많이 봅니다. 구매자에게 정서적으로 안정감을 줄 수 있는 '내 집'의 이미지를 제공해야 합니다. 집을 매매할 때는 단순한 거주 공간이 아닌, 상품으로서의 가치를 최대한 끌어올려야 합니다. 이는 청결 유지, 악취 제거, 잡동사니 정리, 필요한 수리 및 유지 보수를 통해 이루어질 수 있습니다. 구매자가 집을 처음 보았을 때, 긍정적인 인상을 받을 수 있도록 만드는 것이 중요하며, 이를 통해 집의 재 매매 가치를 최대한 높일 수 있습니다. 이러한 노력은 집을 더 빠르고 높은 가격에 판매하는 데 결정적인 역할을 할 것입니다.

집을 있는 그대로 판매하려는 생각에서 벗어나야 합니다. 집을 판매할 때는 자신의 집에 대한 개인적인 애정을 뒤로하고 객관적인 시장 관점에서 바라볼 필요가 있습니다. 많은 집주인들이 자신의 집에 대한 깊은 애정으로 인해 집의 결점을 간과하곤 합니다. 이러한 주관적인 시각은 집을 있는 그대로 보지 못하게 하며, 결국 부동산 시장에서 불리한 조건을 만들 수 있습니다. 집의 작은 결함들은 구매자들에게 큰 관심사가 될 수 있으며, 이는 거래를 지연시키는 주된 요인이 됩니다. 따라서, 집을 시장에 내놓기 전에는 주택의 상태를 객관적으로 평가하고, 필요한 수리나 개선 작업을 진행하여 집의 가치를 최대화해야 합니다.

[자료] 깨끗하게 관리 된집, 안된집

[자료2] 깨끗하게 관리 된집, 안된집

　실제로 '집팔고' 온라인 플랫폼을 통해 볼 때, 청결하고 잘 관리된 주택이 시장에서 빠르게 판매되는 경향이 있습니다. 비록 정확한 수치로 표현은 어렵지만, 일반적으로 시장에 나온 매물 중에서 상태가 좋은 주택이 먼저 판매되는 것을 확인할 수 있습니다. 이는 깨끗하고 관리가 잘된 주택이 많은 사람들이 선호하는 이상적인 거주 공간이기 때문입니다. 이러한 현상은 좋은 상태의 주택이 순차적으로 판매되는 결과로 이어집니다. 따라서, 매매 경쟁에서 유리한 위치를 확보하는 방법은 주택을 최상의 상태로 유지하는 것입니다. 이를 위해, 시장에 주택을 내놓기 전에 깨진 타일 교체, 누수 수리, 파손된 문손잡이 교체 등 필요한 모든 개선 작업을 완료하여 주택의 상태를 최적화하는 것이 중요합니다. 이런 준비는 주택을 더 매력적인 매물로 만들어 시장에서의 거래 속도를 높이는 결정적인 역할을 합니다.

집을 처음 팔려고 할 때 중요한 것은 부동산 공인중개사에게 집의 매력을 제대로 보여주는 것입니다. 많은 사람들이 이를 간과하고, 집을 청소하지 않은 채로, 지저분한 상태에서 중개사에게 보여주기도 했습니다. 그러나 이는 큰 실수입니다. 중개사는 집의 현재 상태를 바탕으로 가치를 평가하며, 청소되지 않고 관리가 소홀한 집은 가치가 낮게 평가될 가능성이 큽니다. 중개사들은 보통 집의 구조만 보면 된다고 하지만, 실제로는 집의 청결 상태와 관리 상태도 매우 중요하게 여깁니다. 집이 매력적으로 보이지 않으면 판매까지 오랜 시간이 걸릴 수 있으며, 중개사도 판매가 용이한 집을 우선적으로 소개하는 경향이 있습니다. 집을 빠르고 좋은 가격에 팔고 싶다면, 청소와 집안 정리는 필수적인 첫걸음입니다. 방치된 집은 결국 낮은 가격에 팔릴 위험이 있으며, 이는 판매자에게 불리하게 작용합니다.

집을 판매하는 과정에서 상품화는 매우 중요한 단계입니다. 매수인들이 집을 선택하는 데 있어 감성적인 요소가 크게 작용한다는 점을 고려할 때, 집을 가능한 매력적으로 보여주는 것이 필수적입니다. 아무리 사소한 차이라도, 매수인들이 그 집을 보고 자신과 가족이 편안하게 생활할 수 있는 공간으로 인식한다면, 그 집은 시장에서 더욱 돋보일 수 있습니다. 깨끗하게 정돈된 집은 매수인에게 긍정적인 첫인상을 주며, 이는 결국 더 높은 가격으로 집을 판매할 수 있는 기회가 될 수 있습니다.

3

내 집 빨리 팔기
위한 조언

집을 판매할 때는 초기에 제안이 들어올 때 기회를 잘 활용하는 것이 중요합니다. 많은 매도자들이 시장에 매물을 내놓은 직후 매수인의 제안이 있을 경우, 너무 높은 기대로 인해 첫 제안을 거절하며 판매 기회를 놓치는 경우가 자주 발생합니다. 이러한 상황은 대부분 매도자의 오해에서 비롯됩니다. 부동산 중개사가 매물의 매력을 적극적으로 홍보하고 예비 매수자에게 확신을 주어 계약 성사를 위해 노력했음에도 불구하고, 매도자가 자신의 집이 시장에서 저평가되었다거나, 조건 때문에 제안이 들어온 것으로 잘못 판단하는 것입니다. 한 번 지나간 기회를 다시 되돌릴 수 있는 것은 아니며, 같은 조건의 예비 매수자를 다시 만나기는 쉽지 않습니다.

주택을 3억 원에 내놓은 사례가 있습니다. 매수 희망자가 나타나 500만 원만 할인해주면 바로 계약하겠다고 제안했습니다. 이 매수자는 급하게 이사가야 하는 상황이었고, 비록 집이 완벽하게 마음에 드는 것은 아니었지만, 이사 비용 정도만 할인해준다면 바로 계약할 의사가 있었습니다. 그러나 매도자는 자신의 매물이 시장에서 저평가된 것으로 착각하고, 매수 의사를 보인 것이 자신의 매물이 싼 탓이라고 오해하여 가격을 3.3억으로 올려 다시 매물을 내놓았습니다. 그 후 3년이 지난 후, 매도자는 결국 매물을 팔아야 하는 상황에 몰려 가격을 낮춰 판매하길 원했고, 결국 2.7억에 계약을 체결했습니다. 이는 초기에 제시된 조건을 거절하고 가격을 올린 것이 장기적으로 봤을 때 현명하지 못한 결정이었음을 보여줍니다. 부동산 시장에서는 '팔 때 팔아야 한다.'는 교훈을 이 사례를 통해 다시 한 번 확인할 수 있습니다. 매도자가 초기에 합리적인 제안을 받았을 때 이를 수용하는 것이 장기적으로 더 큰 이익을 가져올 수 있다는 점을 기억해야 합니다.

부동산 중개 시장에서 이와 같은 사례는 비교적 흔하게 발생합니다. 초기에 받은 제안을 적절히 평가하고, 판매의 최적 시기를 결정하는 것이 매우 중요합니다. 초기 제안을 잘 판단하여 적절한 시기에 매물을 판매함으로써, 기회를 놓치지 않고 더 나은 결과를 얻을 수 있습니다.

　나아가 전문가의 의견을 구하는 것 또한 매우 중요합니다. 홈인 스펙션을 통해 집 전체를 철저하게 점검하면, 숨겨진 문제들까지 파악할 수 있는데, 이는 매우 유용한 접근법입니다. 이렇게 발견된 문제점들을 미리 해결하면, 구매자와의 협상에서 좋은 위치를 확보할 수 있게 됩니다. 홈인스펙션은 집의 현재 상태를 정확하고 종합적으로 파악하는 데 필수입니다. 이를 통해 보이지 않는 다양한 문제들을 발견할 수 있고, 고칠 수 있습니다. 이러한 발견은 매매 과정에서의 협상력을 높이는 중요한 요소가 됩니다. 따라서, 전문가의 조언을 구하고 홈인스펙션을 실시하는 것은 집을 팔 때 고려해야 할 중요한 전략 중 하나입니다.

　집을 판매할 때 내부의 분위기 조성은 구매자에게 첫인상을 주는 데 매우 중요한 역할을 합니다. 집의 시각적인 매력은 기본이고, 향기 또한 구매 결정에 큰 영향을 미칠 수 있습니다. 은은하면서도 상쾌한 향은 집에 대한 긍정적인 첫인상을 심어주며, 구매 과정에서 핵심적인 역할을 할 수 있습니다. 예를 들어, 라벤더나 시트러스 같은 자연스러운 향은 집에 따뜻하고 환영하는 분위기를 조성해, 구매자에게 집에 대해 긍정적인 느낌이 들게 할 수 있습니다. 이러한 세심한 준비는 구매자가 집을 좀 더 편안하고 매력적으로 느끼게 하여, 판매 과정에서 유리한 위치를 확보하는 데 도움이 될 수 있습니다. 따라서, 판매 전 집 내부의 분위기를 신중하게 조성하는 것은 매우 중요한 전략 중 하나입니다.

집 내부에서 발생하는 애완동물, 담배, 강한 음식의 냄새와 같은 부정적인 요소들을 철저히 관리하는 것은 집을 판매할 때 매우 중요합니다. 이를 위해 정기적인 환기와 청소를 통해 실내 공기를 상쾌하게 유지하는 것이 필수적이며, 필요하다면 공기 청정기의 사용으로 공기의 질을 개선해야 합니다. 또한, 향초나 아로마 테라피를 사용해 집안에 은은하고 쾌적한 향기를 더하는 것도 구매자에게 긍정적인 인상을 줄 수 있는 방법입니다. 집 내부의 분위기와 향기에 신경 쓰는 것은 집을 더 매력적으로 만들 뿐만 아니라, 구매자에게 집에 대한 긍정적인 감정을 심어줄 수 있으며, 이는 구매 결정에 큰 영향을 미칠 수 있습니다.

집을 판매할 때는 개인적인 물건의 제거와 공간 활용을 최적화하는 것이 중요합니다. 개인 사진, 종교적 상징물, 그리고 낡은 장식품과 같은 아이템들은 구매자가 그 공간을 자신의 미래의 집으로 상상하는 데 방해가 될 수 있습니다. 이러한 개인적인 요소들은 구매자가 공간을 자신의 취향과 필요에 맞게 꾸밀 가능성을 제한합니다. 따라서, 집 내부를 가능한 중립적이고 깔끔하게 유지함으로써, 모든 구매자가 자신들의 가구와 장식품을 더 쉽게 상상할 수 있도록 하는 것이 중요합니다. 이를 통해 구매자는 집에 대해 더 긍정적인 느낌을 가질 수 있고, 자신의 미래 생활을 그 공간 안에서 상상할 수 있습니다.

공간을 넓고 통풍이 잘 되도록 만들기 위해서는 불필요한 가구나 장식품의 정리가 필요합니다. 예를 들어, 너무 크거나 공간을 많이 차지하는 가구는 제거하거나 재배치하여, 방이 더 넓고 밝게 느껴지도록 할 수 있습니다. 또한, 거울을 활용하여 공간을 더 넓어 보이게 하는 것도 좋은 방법입니다. 거울은 자연광을 반사시켜 방을 더 밝고 환하게 만들 뿐만 아니라, 공간감을 키워주는 효과가 있습니다. 이러한 접근 방식을 통해 집을 보러 오는 구매자들에게 집의 잠재력을 최대한 보여줄 수 있으며, 그들이 자신의 새로운 생활을 이 공간에서 상상할 수 있도록 도와줍니다.

이런 전략적인 접근 방식을 통해서, 우리는 집을 시장에서 빠르게, 그리고 가능한 최고의 가격에 매매할 기회를 크게 높일 수 있습니다. 모든 전략은 집을 단순한 거주 공간이 아닌, 판매를 목적으로 하는 상품으로 재해석하는 것에서 시작합니다. 모든 단계는 구매자의 눈을 사로잡고 그들의 마음을 움직일 수 있도록 계획되어야 합니다. 이를 통해 집을 더 빨리 판매하는 것뿐만 아니라, 구매자들로 하여금 그 집에 더 높은 가치를 인정하게 만들어, 판매 가격을 최대화하는 결과로 이어질 수 있습니다.

4
더 빨리 파는 방법

 내 집을 파는 일은 생각보다 훨씬 어려운 과제입니다. 시장의 변동성, 경쟁 매물의 존재, 매수인의 기대와 심리, 또한, 중개사와의 긴밀한 협력을 통해 매물의 가치를 최대한 끌어올릴 수 있는 전략을 수립해야 합니다. 시장 조사를 통해 현재의 경쟁 상황을 이해하고, 매수자들이 어떤 점을 중시하는지 파악함으로써, 매물을 더 매력적으로 만들 방법을 모색해야 합니다. 특히 중개사와의 협력은 매물의 가격 책정, 마케팅 전략, 그리고 구매자와의 협상 과정에서 큰 역할을 합니다. 그렇다면, 더 빨리 내 집을 팔기 위해 고려해야 하는 외부 요소 그리고 전략들을 이제 알아볼까요?

 먼저, 성공적인 부동산 매매를 위해 매도인은 시장의 현재 상황을 꼼꼼하게 분석해야 합니다. 이때, 네이버페이 부동산 같은 온라인 플랫폼을 활용하는 것이 유용하며, 이를 통해 우리 집과 유사한 조건의 매물 가격, 위치, 상태 등을 비교해볼 수 있습니다. 단순히 가격 비교에 그치지 않고, 시장의 전반적인 동향을 파악하는 것이 중요합니다. 최근에 실제로 거래된 매물의 가격이나 시장에 나와 있는 매물의 가격 등의 정보를 종합적으로 고려함으로써, 우리가 판매하려는 집의 적정 가격을 더 정확하게 설정할 수 있습니다.

'호갱노노'와 같은 리뷰 플랫폼을 활용하면 실제 입주자들의 경험과 평가를 참고할 수 있습니다. 이러한 후기들은 매매가격을 측정할 때 입주자들의 심리적 요인을 고려하는 데 도움이 됩니다. 입주자 리뷰는 주변 환경, 소음 문제, 관리 상태와 같이 구매자가 중시하는 여러 요소에 대한 구체적인 정보를 제공합니다. 이 정보는 구매자의 결정 과정에 큰 영향을 미치며, 결과적으로 매매가격 설정에 있어 중요한 참고 자료가 됩니다. 매도자는 이러한 리뷰를 통해 자신의 매물이 가진 장단점을 더욱 명확히 인식할 수 있으며, 이를 바탕으로 매매 전략을 보다 효과적으로 수립할 수 있습니다.

'직방', '아실', '디스코'와 같은 프롭테크 어플리케이션을 활용하는 것은 매물 판매에 있어서 중요한 전략입니다. 이들 플랫폼은 매물 정보, 시각적 자료, 그리고 매매 및 임대와 관련된 다양한 도구를 제공함으로써 매도자에게 큰 도움을 줍니다. '손품'이라는 개념을 통해, 매도자는 여러 플랫폼에 직접 접속하여 필요한 정보를 탐색하고 분석하는 과정을 거칩니다.

이를 통해 매도자는 자신의 매물을 시장 내에서 어떻게 포지셔닝 할지, 어떤 전략으로 경쟁력을 갖출지에 대한 깊이 있는 이해를 얻을 수 있습니다. 이러한 과정은 매도자가 시장의 요구와 트렌드를 파악하고, 자신의 매물을 효과적으로 홍보하며, 매매 과정에서 우위를 점할 수 있도록 합니다. 따라서, 프롭테크 어플리케이션을 적극적으로 활용하는 것은 매물의 가치를 극대화하고, 구매자의 관심을 끌며, 성공적인 매매를 이루기 위한 필수적인 접근 방식입니다.

가격 책정 전략은 부동산 매매에서 핵심적인 요소로 작용합니다. 매도자가 자신의 부동산 가격에 5~10%의 여유를 두는 것은, 예비 매수자들에게 중요한 협상의 여지를 제공합니다. 예를 들어, 실제 가치가 3억 원인 부동산을 3억1,000만원~3억 2000만 원으로 책정함으로써, 매도자는 처음부터 높은 가격을 제안하면서도, 초기 가격 제안 시 여유를 두면서 거래 과정에서 가격 조정의 가능성을 열어둡니다. 이러한 전략은 매수자에게 협상을 통해 가격을 낮추는 성취감을 제공하고, 중개사에게는 거래를 성공적으로 마무리 짓는 기회를 줍니다. 결국, 이는 매도자가 원하는 가격에 가깝게 부동산을 매매할 수 있는 상황을 만들어내며, 모든 이해당사자에게 유리한 결과를 초래합니다. 이러한 접근 방식은 매매 과정에서의 유연성을 증대시키고, 성공적인 매매의 가능성을 높이는 것이 중요하다 할 수 있습니다.

부동산 시장에서의 성공은 마켓 플레이스의 확률 게임을 잘 이해하고 활용하는 데에 있습니다. 이 게임의 본질은 매도자가 자신의 집을 가능한 한 많이 노출시켜, 매수자의 시선을 끌 확률을 높이는 것입니다. 이 과정은 매도자에게 더 많은 관심을 유도하고, 매수자에게는 더 많은 선택지를 제공함으로써, 양측 모두에게 윈-윈 상황을 만들어냅니다. 집을 팔 때 매수자의 관점을 고려하는 것이 중요합니다. 우리가 집을 구매할 때 경험한 어려움을 떠올려 보면, 맞춤형 집을 찾는 것이 얼마나 어려운 과정인지를 기억해볼 필요가 있습니다. 구매자에게도 완벽한 집을 찾기는 쉽지 않은 일이며, 따라서 매물의 넓은 노출은 그들에게 더 적합한 선택을 할 기회를 제공합니다. 매물을 다양한 곳에 내놓음으로써, 매도자는 매수자와의 만날 확률을 최대화하고, 이는 결국 양측에게 최선의 결과를 가져다주는 길이 됩니다.

매매하는 과정이 매수보다 더 어렵다는 것을 인식하는 것이 중요합니다. 나와 같은 생각을 가진 매수자를 찾는 것은 거의 불가능에 가깝습니다. 더구나, 그 매수자가 어느 부동산중개사무소에 방문할지 예측하는 것은 아무도 할 수 없습니다. 이러한 이유로, 마켓 플레이스에서 가능한 한 많은 구매자에게 내 매물을 노출시키는 그물망 전략을 사용하는 것이 필요합니다. 이 전략은 내 집을 구매할 잠재적인 구매자를 놓치지 않고, 매물을 팔 확률을 최대한 높이는 최고의 방법인 것입니다.

이 과정에서, 플랫폼의 활용은 매우 중요한 전략이 됩니다. 온라인 마켓 플레이스와 같은 플랫폼을 통해, 우리는 매물을 전국의 다양한 중개사와 잠재 구매자에게 노출시킬 수 있습니다. 이는 전통적인 방법으로는 도달할 수 없는 넓은 범위의 시장에 접근할 수 있게 해주며, 매물의 판매 확률을 대폭 향상시킵니다. 따라서, 부동산 시장에서 성공하고자 한다면, 마켓 플레이스의 확률 게임을 이해하고, 이를 자신의 유리한 상황으로 만들기 위한 전략적인 플랫폼 활용이 필수적입니다.

'집팔고' 플랫폼을 이용하는 것은 부동산 매물을 시장에 효과적으로 노출시키는 데 큰 도움이 됩니다. 이 플랫폼을 통해 매물은 여러 중개사에게 동시에 소개되어 시장 접근성이 크게 향상되고, 거래 성사의 가능성이 커집니다. 추가로, '더블베네핏'과 같은 혁신적인 서비스를 통해 매도인은 매물 판매 외에도 추가적인 수익을 얻을 수 있는 기회를 가집니다. 예를 들어, 매물이 판매될 때마다 매도인에게 일정 금액의 보상을 제공하는 '더블베네핏' 서비스는 매도인에게 매우 유리한 조건을 제공합니다. 이러한 서비스는 매도인이 단독 중개로 얻을 수 있는 이익뿐만 아니라, 부동산 거래를 통한 추가적인 서비스 이용으로 수익을 얻을 수 있는 기회를 제공하며, 단기 임대 등 다양한 방식으로 매도인의 수익을 극대화할 수 있습니다.

집팔고 어플 소개

집팔고 어플 소개

집을 빨리 팔기 위해서는 중개사에게 자세한 설명을 하고 친절하게 대하는 것이 중요합니다. 부동산 거래에서 중개사는 매우 중요한 역할을 합니다. 부동산 중개사들은 양쪽 거래를 통해 수익을 얻으며, 이를 통해 사업을 유지합니다. 물론, 집을 파는 데 있어서 매수자 또한 중요한 역할을 한다고 생각하는 사람들도 있습니다. 그러나 저자가 지금까지 연구해본 패턴을 바탕으로 할 때, 가장 중요한 역할을 하는 것은 단연코 부동산 중개사라고 할 수 있습니다. 이들은 거래의 성사를 위해 필수적인 역할을 하며, 양측의 요구사항을 조율하고 최적의 결과를 도출하기 위해 노력합니다.

집을 팔고자 할 때, 가장 먼저 집을 평가해주는 사람은 중개사입니다. 따라서 내 집을 잘 팔기 위해서는 중개사에게 먼저 선택되어야 합니다. 물론, 이들이 직접 돈을 내고 우리 집을 사는 것은 아닙니다. 그렇다면 왜 중개사가 더 중요한 고객일까요?

집팔고 웹사이트

그것은 그들이 집을 보고 팔아주는 사람이기 때문입니다. 집이 아무리 좋아도, 그 집을 팔아주는 중개사의 마음에 들어야만, 그들이 진정성을 가지고 예비 매수자들에게 설명하고 거래를 성사시킵니다. 사람들은 중개사가 소개하는 집에 대해, 그들이 진심으로 추천하는지 아니면 단순히 팔기 위해 설명하는지를 종종 직감적으로 느낍니다. 따라서, 중개사의 마음에 드는 것이 중요합니다. 이를 위해서는 집의 가치를 제대로 전달하고, 중개사와의 좋은 관계를 유지하는 것이 필수적입니다. 중개사가 집에 대해 긍정적으로 생각하면, 그들의 설득력과 열정이 거래 성사에 큰 영향을 미칩니다.

중개사에게 집을 충분히 설명하는 것은 매우 중요합니다. 집의 디테일한 좋은 점들은 대부분 살아본 사람만이 알고 있는 부분들입니다. 중개사들이 아무리 중개 전문가라 할지라도, 직접 살아보지 않고서는 알 수 없는 좋은 점들이 존재합니다. 따라서, 이러한 정보를 꼭 알려주어 예비 매수자에게 설명할 거리를 제공해주면, 브리핑이 훨씬 더 잘 이루어집니다. 오히려 중개사들은 집주인들로부터 설명을 듣고 나면, 더욱 설득력 있게 예비 매수자들에게 말할 수 있습니다. 왜냐하면, 그들이 말하는 내용이 단순히 만들어낸 것이 아니라, 실제 경험에 기반한 것이기 때문입니다. 그리고 중개사가 해당 집에 관심을 갖도록 만드는 것도 중요합니다. 중개사가 집에 대해 진정으로 흥미를 느끼고, 그 가치를 인식한다면, 그들의 열정과 설득력은 거래 성사에 크게 기여할 수 있습니다.

부동산 중개사는 한 프로젝트의 동업자이자 가장 중요한 고객으로 여겨야 합니다. 가끔은 집을 내놓으면서 부적절한 태도를 보이는 경우가 있습니다. 중개사를 경시하거나 무례하게 대하는 이들이 있는데, 이런 태도는 결국 집을 매매하는 과정을 어렵게 만듭니다. 인격적인 문제는 거래를 마무리하는 과정에서도 여러 문제를 야기할 수 있습니다. 중개사를 파트너십의 관점에서 대하면, 그들도 더 많은 노력을 기울여 집을 팔아줄 것입니다. 그리고 중개사의 수수료를 깎으려고 하지 말아야 합니다. 중개사는 수수료로 운영되며, 계약까지 이르는 과정에는 상당한 노력이 필요합니다. 수수료를 깎으려는 시도는 중개사에게 회의감을 줄 수 있으며, 이는 거래 과정에 부정적인 영향을 미칠 수 있습니다. 중개사를 최대한 친절하게 대하는 것이 중요하다 할 수 있습니다.

5

구매자를 사로잡는
스토리텔링

이제 당신의 집을 사는 사람들의 마음을 자극시켜 볼까요? 가장
먼저 할 일은 바로 정리정돈과 청소입니다. 이점은 아무리 강조해
도 지나치지 않습니다. 사람이 아무리 고가의 옷을 입었다 하더라
도 그것이 지저분하면 옷을 잘 입는다고 평가받지 못합니다. 반대
로, 깔끔하게 관리하며 옷을 입으면 사람들은 그를 옷 잘 입는 사
람이라고 말합니다. 집도 마찬가지입니다. 청소는 매우 중요합니다.
많은 집들을 보러 다니면서 저는 지나치게 지저분한 집들이 많이
있다는 것을 알게 되었습니다. 이러한 집들은 구매자들에게 선택
받기 어렵습니다. 구매자들은 그 집의 진짜 모습을 상상할 겨를도
없이 선택에서 배제합니다. 집을 정말로 잘 팔고 싶다면, 가장 기본
이자 중요한 청소부터 시작합시다.

또한, 타겟 구매자가 무엇을 원하는지 파악하여, 그들의 니즈에 맞는 마케팅 전략을 수립해야 합니다. 예를 들어, 가족 단위의 구매자를 타겟으로 한다면, 주변 학교나 편의 시설에 대한 정보를 강조할 수 있습니다. 반대로, 젊은 전문가들을 대상으로 한다면, 집의 스마트 홈 기능이나 교통 편리성을 부각시킬 수 있습니다. 결국, 집을 판매하는 과정은 단순한 거래가 아니라, 구매자의 요구와 기대를 충족시키는 마케팅 활동이라고 볼 수 있습니다. 이러한 전략적 접근은 내 집을 빠르고 원하는 조건에 맞춰 판매하는 데 있어 핵심적인 역할을 합니다.

다음으로, 집을 판매할 때, 그 집의 고유한 매력을 특히 강조하는 것은 중요합니다. 각각 집은 위치, 구조, 자연광의 정도 등에서 독특한 장점을 가지고 있습니다. 예를 들어, 거실을 비추는 아침 햇살의 부드러움, 주변 대중교통의 편리성으로 인한 쉬운 이동성, 그리고 집 구조의 독특함이 일상에 제공하는 편리함과 같은 집의 고유한 매력을 구매자에게 명확하게 전달하려면, 집주인이 직접 경험한 특별한 장점들을 구체적으로 설명하는 것이 유용합니다. 집의 장점을 언급하면, 구매자가 해당 집에 대해 긍정적인 이미지를 형성하는 데 도움을 줄 수 있으며, 결국 거래 성사에 긍정적인 영향을 미칠 수 있습니다. 따라서, 판매 전략을 수립할 때는 집의 어필 포인트를 세심하게 파악하고, 이를 마케팅 자료나 직접적인 소통을 통해 적극적으로 부각시켜야 합니다. 구매자의 관심을 끌 수 있는 집의 독특한 특성을 강조함으로써, 더 많은 구매자의 관심을 유도하고, 집을 좋은 조건에 판매할 수 있는 기회를 높일 수 있습니다.

더 나아가, 집의 단열이 좋아 여름에 시원하고 겨울에 따뜻하게 유지되는 점, 조용한 이웃이 제공하는 평화로운 생활환경 등 살면서 느낀 세세한 디테일들을 포함하는 방법도 구매자의 관심을 끌 수 있습니다. 이처럼 집의 독특한 장점을 세밀하게 파악하고, 이를 적극적으로 소개하는 것은 집을 성공적으로 판매하는 데 있어 중요한 전략입니다. 이런 전략들은 거래 성사의 속도를 높이고, 원하는 조건에서 집을 판매할 가능성을 크게 높입니다.

집의 스토리는 집의 가치를 높일 수 있는 요소입니다. 이 스토리를 가장 잘 아는 사람은 바로 집주인입니다. 집주인이 집에 담긴 이야기를 구체적으로 소개하면, 같은 공간도 전혀 다른 가치를 지니게 됩니다. 예를 들어, 특정한 이유로 어떤 결정을 했다거나, 집에 얽힌 특별한 사연을 공유함으로써, 구매자는 그 집에 대해 더 긍정적인 인상을 받게 됩니다. 이는 동일한 가치의 집이라도 구매자의 인식에 따라 가격이 달라질 수 있다는 것을 의미합니다.

집은 매우 큰 재산이기 때문에, 구매자를 대할 때는 그 순간을 조금 더 기분 좋게 만들어 주는 것이 중요합니다. 예를 들어, 방문한 고객에게 음료를 제공하는 등의 작은 배려는 구매 확률을 높일 수 있습니다. 집을 좀 더 높은 가격에 팔고 싶거나 거래 성사를 원한다면, 이러한 노력이 필요합니다. 결국, 집을 판매하는 과정에서 집주인의 세심한 배려와 스토리는 구매자에게 큰 영향을 미치며, 이는 집의 가치를 높이는 데 중요한 역할을 합니다. 구매자에게 좋은 인상을 주고, 집에 대한 긍정적인 감정을 심어줄 수 있는 세부 사항들은 거래 성사에 결정적인 요소가 될 수 있습니다.

질문은 당연하게도 제기될 것입니다. 인테리어가 부족하고 교통의 요지도 아닌 집이 과연 높은 가격에 팔릴 수 있을까요? 그러나 모든 상황에는 두 면이 존재합니다. 하나의 사례로, 위치가 이상적이지 않아 보일 수 있는 집이라 할지라도, 숲이 가까운 '숲세권'으로의 장점을 부각할 수 있습니다. 겨울에는 추운 것이 단점으로 보일 수 있지만, 여름에는 시원하며 신선한 공기를 제공한다고 볼 수 있습니다. 창문을 열기만 해도 쾌적한 바람이 들어와 에어컨 없이도 충분히 여름을 날 수 있다는 점에서, 이는 일부에게는 큰 장점으로 작용할 수 있습니다. 같은 상황이지만, 이를 어떻게 바라보고 표현하는지에 따라 그 가치는 달라질 수 있으며, 이러한 점들이 집을 판매할 때 중요한 매력 포인트가 될 수 있습니다.

고객들에게 집에 대한 긍정적인 이야기를 전달하면, 그들은 이전에 보지 못했던 집의 장점을 발견하고, 느끼지 못했던 매력을 체감하게 됩니다. 예를 들어, 이 집에서 생활하면서 윗집의 소음에 전혀 방해받지 않았다는 실제 경험을 공유하면, 그 집이 조용하고 평온한 생활을 원하는 이들에게 큰 메리트로 다가올 수 있습니다. 집의 위치가 어떤 특별한 장점이 있는지, 근처에 어떤 편의 시설이 있는지 등의 구체적인 정보를 제공하면, 고객들은 그 집에서의 생활을 더 쉽게 상상할 수 있습니다.

이러한 접근은 구매자가 아직 그 집에서 살아본 경험이 없으므로 더욱 중요합니다. 사려는 사람이 직접 경험해보지 못한 생활을 미리 들려주는 것은 그들이 그 집과 더 깊이 연결될 수 있도록 돕습니다. 이는 마치 미래에 그들이 겪게 될 일들을 미리 경험하는 것처럼, 집에 대한 긍정적인 이미지를 심어주며 최고의 마케팅 전략이 됩니다. 집에서의 행복했던 순간들, 그곳에서의 특별한 경험들을 공유함으로써, 고객은 그 집이 단순한 공간이 아니라, 삶의 질을 높일 수 있는 장소로 인식하게 됩니다.

마지막으로 집을 예쁘게 꾸미기 위해 기울인 노력들을 소개하는 것은 고객에게 큰 매력 포인트가 됩니다. 이 공간을 개성 있고 즐

겁게 만들기 위해 어떤 디자인 요소를 선택했는지, 어떤 색상과 재료를 사용하여 집의 분위기를 어떻게 조성했는지 등의 세부적인 정보를 공유함으로써, 고객들은 이 집이 단순한 거주 공간을 넘어, 생활의 질을 높이는 공간으로서의 가치를 인식하게 됩니다. 집을 꾸미는 과정에서의 세심한 배려와 노력은 고객이 그 공간에서의 생활을 긍정적으로 상상하게 하며, '이 집에서 살면 좋겠다'는 생각을 갖도록 만듭니다. 집에 대한 브랜딩은 구매 결정 과정에서 중요한 역할을 합니다. 고객이 집에 대해 긍정적인 인상을 갖도록 만들고, 기존의 부정적인 시각을 변화시킬 수 있도록 하는 것이 중요합니다. 집을 꾸미기 위해 했던 노력과 그 과정에서의 사랑과 정성은 이 집이 단순히 팔기 위한 상품이 아니라, 정말로 가치 있는 생활공간임을 보여주는 증거가 됩니다.

4장

더 비싸게 파는 법

1
내 집, 제 값 받는 방법

내 집을 제값 받고 팔기 위해 가장 효율적인 방법 중 하나는 여러 부동산 중개사무소에 매물 판매를 의뢰하는 것입니다. 집을 팔기로 한 결정이 섰다면, 다음 단계로는 부동산 공인중개사사무소에 매물 판매를 요청해야 합니다. 한 곳보다는 여러 곳에 의뢰함으로써 더 높은 가격을 제안받을 기회가 늘어납니다. 이는 매물을 보다 넓은 범위의 구매자에게 노출시키고, 여러 제안을 비교할 기회를 제공하기 때문입니다. 따라서, 집을 팔 때는 하나의 부동산 사무소에만 의뢰하기보다는 여러 곳에 의뢰하여 최대한의 가치를 이끌어 내는 것이 중요합니다. 정리하면, 내 집을 많은 중개사사무소에 내놓은 만큼 가격을 더 받을 수 있습니다.

부동산 매매의 목적은 다양한 개인적 또는 경제적 상황에 따라 다를 수 있으며, 일반적으로 세 가지 주요 이유로 요약됩니다. 첫 번째는 투자 목적으로 부동산을 매매하여 투자 이익을 실현하고자 하는 경우입니다. 이는 부동산 가격의 상승을 예측하고 그 차익을 얻기 위한 전략적 결정일 수 있습니다. 두 번째는 개인적인 불가피한 상황, 예를 들어 긴급한 자금이 필요한 경우에 자금을 마련하기 위해 부동산을 매매하는 것입니다. 이런 상황은 갑작스러운 경제적 어려움이나 다른 금전적 필요에 직면했을 때 발생할 수 있습니다. 마지막으로, 이사를 위해 부동산을 매매하는 때도 있습니다. 새로운 직장, 가족의 변화, 또는 생활환경의 개선을 위해 거주지를 변경하고자 할 때 이사 목적의 부동산 매매가 이루어집니다. 이 세 가지 이유는 각자의 상황과 필요에 따라 부동산 매매 결정에 영향을 미치며, 다양한 환경적 요인에 의해 매매 동기가 형성됩니다.

저자가 운영하는 플랫폼을 통해 부동산 매매 경험을 쌓은 사람들을 많이 만나본 결과, 부동산 매매 과정은 대다수의 사람들에게 생소하며, 특히 처음 접하는 경우 그 과정이 복잡하고 어려울 수 있습니다. 대부분의 매도자와 매수자는 평생에 걸쳐 몇 번의 부동산 거래만을 경험하며, 이로 인해 매매에 필요한 심층적인 지식이나 경험이 부족한 상태에서 거래를 진행하게 됩니다. 이러한 상황은 부동산 매매 과정에 대한 충분한 이해 없이 거래에 참여하는 사람들이 많다는 것을 의미합니다.

부동산 거래의 성공은 신뢰할 수 있는 중개사를 찾는 것에서 시작합니다. 초보자에게 중개사를 선택하는 과정은 다소 어려움이 따를 수 있습니다. 많은 중개사들이 우수한 의사소통 능력을 갖추고 있어, 내 집의 가치를 올바르게 평가하고 진심으로 거래를 도울 것이라는 기대를 갖게 합니다. 그럼에도 불구하고, 의사소통 능력과 전문성 사이에는 차이가 있을 수 있음을 알아차리는 것이 중요합니다.

매물을 처음 중개사무소에 접수할 때, 일부 중개사는 독점적으로 매물을 관리함으로써 더욱 효과적인 홍보와 관리를 할 수 있다고 말합니다. 이렇게 중개사가 이야기하는 이유는 매수인과 매도인 양쪽 모두로부터 중개 수수료를 받을 기회를 가질 수 있기 때문입니다. 이러한 상황은 중개업계에서 일반적으로 관찰되는 경향이며, 중개사들에게는 자연스러운 부분일 수 있습니다.

그러나 이러한 접근 방식이 항상 최선은 아닐 수 있으므로, 매도인은 여러 중개사들과 상담하고 매물을 다양한 경로를 통해 홍보하는 것을 고려해야 합니다. 이는 매물의 노출 범위를 넓히고, 더욱 다양한 구매자 층에 도달할 기회를 제공합니다. 중개사의 전문성과 노력을 존중하면서도, 매도인의 이익을 최우선으로 고려하는 균형 있는 접근이 중요합니다.

부동산 시장에서는 다양한 전략이 존재하며, 중개사들의 역할이 매우 중요합니다. 일부 중개사는 자신의 이익을 최우선으로 하여 매물의 독점 관리를 권장할 수 있습니다. 이들은 여러 경로를 통한 매물 공개가 매물 가치에 영향을 미칠 수 있다고 주장하며, 이로 인해 매도자들이 한정된 노출을 선택하도록 설득할 수 있습니다. 매도자들은 이런 조언들을 착각하여, 자신의 부동산이 넓은 범위의 잠재 구매자에게 도달할 것이라고 기대하게 됩니다.

그러나 실제로는 공동중개 시스템을 통한 매물 공유가 항상 중개사들의 적극적인 판매 노력으로 이어지지 않을 수 있습니다. 이는 중개 수수료 분배의 문제로, 중개사가 공동중개를 통해 얻는 수익이 감소하기 때문에, 일부 중개사들은 자신이 독점적으로 관리하는 매물에 더 많은 관심을 기울일 가능성이 있습니다. 이러한 경향은 매물이 시장에 충분히 노출되지 않는 상황을 초래할 수 있으며, 이는 판매 과정의 효율성을 저하시킬 수 있습니다.

이러한 상황에서 매도자는 중개사의 조언에만 의존하지 않고, 자신의 부동산이 가능한 많은 잠재 매수자에게 도달할 수 있도록 다양한 전략을 고려하는 것이 중요합니다. 이는 매매 과정을 보다 원활하게 하고, 매물의 시장 가치를 최대한 활용할 수 있는 방법입니다. 매도자는 자신의 부동산에 대한 최선의 결정을 내리기 위해, 광범위한 시장 노출의 중요성을 인식하고, 다각적인 중개 전략을 고려해야 합니다.

부동산 매매 과정에서 매물을 다수의 중개사에게 내놓는 것의 중요성을 이해하는 것은 매도인에게 중요한 교훈을 줍니다. 광범위한 시장 노출은 매물이 더 많은 관심을 받고 적극적으로 판매될 수 있도록 하는 데 필수적입니다. 이 방법은 다양한 중개사가 매물에 관심을 가지고 노력을 기울이도록 유도하는 중요한 동기가 됩니다. 결국, 이는 매도자에게 자신의 부동산을 더 빠르고 희망하는 가격에 맞춰 판매할 가능성을 높입니다.

매물을 단독으로 중개하는 것이 중개사로 하여금 매물에 대해 더욱 집중하게 만들 수 있지만, 매물을 시장에 널리 알리기 위해서는 여러 많은 중개사의 참여를 유도하는 것 역시 매우 중요합니다. 이러한 전략은 매도인이 자신의 매물을 최대한 활용하여 최적의 조건에서 매매할 수 있게 돕습니다.

매물잠식 현상은 부동산 거래 과정에서 중개사의 독점적 정보 관리로 인해 매매가 지연되는 문제를 의미합니다. 특정 중개사가 매물 정보를 독점할 때, 다른 중개사나 잠재적 매수자들이 해당 매물에 접근하기 어려워, 거래 성사 확률이 크게 낮아집니다. 이는 마치 복권 당첨과 같은 희박한 확률로, 매물의 가치를 제대로 평가받지 못하게 하고, 매매 과정의 효율성을 저해합니다.

이 문제를 해결하기 위해서는 매물 정보의 독점적 제공을 피하고, 정보를 다수의 중개사에게 제공하는 것이 중요합니다. 이를 통해 매물이 시장에 널리 알려지게 하고, 매도자와 매수자 모두에게 더 많은 기회와 선택지를 제공해야 합니다. 매물 정보를 다양한 플랫폼에 노출하는 것도 중요한 전략 중 하나로, 이는 부동산 시장의 투명성과 효율성을 높이는 데 기여할 것입니다.

부동산 거래가 사실상 확률의 게임이라는 사실은 잘 알려지지 않았습니다. 과거에는 다양한 업종에서 마케팅이라는 개념이 대기업에 국한되어 있었으며, 필요한 물건을 구하기 위해 사람들은 오프라인 매장을 직접 방문했습니다. 그러나 시대는 변했고, 이제 우리는 마케팅의 시대에 살고 있습니다. 온라인 시장의 확장과 함께, e커머스 시장이 번창하며, 제품을 구매하기 위해 오프라인 매장에 직접 가야 하는 불편함이 사라졌습니다. 이제 사업자들은 제품을 판매하기 위해 상당한 마케팅 비용을 투자하고 있습니다. 마케팅은 제품을 대중에게 널리 알려 선택받기 위한 필수적인 활동이 되었습니다.

그럼에도 불구하고, 많은 사람들은 자신의 집을 매매할 때 아직도 이와 같은 원칙을 적용하지 않습니다. 한두 곳에만 매물을 내놓고 매매를 기대하는 것이 가능할지 몰라도, 실제로는 이러한 전략이 시간을 많이 소비하거나 원하는 결과를 얻지 못할 수 있습니다. 대부분의 경우, 처음에는 한두 곳에 매물을 내놓았다가 팔리지 않을 경우 추가로 여러 곳에 매물을 내놓는 것이 일반적인 패턴입니다. 이는 부동산 거래에서도 마케팅의 중요성을 간과해서는 안 된다는 것을 보여줍니다. 매물을 더 넓은 시장에 노출시키는 것이 더 빠른 매매와 더 좋은 조건을 달성하는 데 중요한 역할을 할 수 있습니다.

부동산 매물을 시장에 내놓을 때, 가격과 조건의 일관성을 유지하는 것은 중요합니다. 다양한 곳에 매물을 알릴 때, 일관된 가격과 조건을 제시하는 것은 신뢰성을 유지하고, 성공적인 매매를 위한 핵심 요소입니다. 상담 과정에서 다양한 부동산 중개사로부터 받는 가격 제안이 서로 다를 수 있습니다. 일부는 더 높은 가격을 제안할 수 있고, 다른 일부는 낮은 가격을 제시할 수 있습니다. 하지만, 매물의 가격이 일관되지 않으면 예비 매수자들 사이에서 해당 부동산에 대한 신뢰가 떨어질 수 있으며, 이는 매물을 정상적인 물건으로 보지 않게 하여 계약으로 이어지지 않을 가능성을 높일 수 있습니다.

가격과 조건이 일관되지 않으면 부동산 시장에서 신뢰를 잃을 수 있습니다. 중개사들에게는 매수자들의 신뢰를 유지하는 것이 매우 중요합니다. 따라서, 매도자는 자신의 부동산 매물을 다양한 곳에 내놓을 때, 가격과 조건을 일관되게 유지해야 하는 것은 매우 중요합니다. 이러한 일관성은 부동산 시장에서 신뢰성을 높이고, 매도자와 매수자 양쪽 모두에게 이익이 됩니다. 공격적인 마케팅 전략을 통해 널리 알려지는 것도 중요하지만, 신뢰를 기반으로 한 거래가 성공적인 매매의 핵심임을 잊지 말아야 합니다.

저자가 운영하는 '집팔고'는 매도자와 공인중개사무소를 연결하는 혁신적인 플랫폼입니다. 이 서비스는 매도자로부터 집 판매 요청을 받아, 전문가가 직접 방문 또는 전화로 무료 상담을 제공하고, 해당 정보를 지역별 공인중개사무소에 제공하여 넓은 범위의 잠재 매수자에게 매물을 노출시킵니다. 우리는 특정 부동산에 맡겼다가 판매에 실패한 경우나, 크고 신뢰성 있어 보이는 부동산을 통해 판매를 시도했으나 성공하지 못한 사람들로부터 접수를 받곤 합니다. '집팔고'를 통해, 매도자는 자신의 매물이 다양한 공인중개사무소를 통해 더 넓은 시장에 노출되며, 판매 확률이 높아지는 기회를 얻게 됩니다. 이 과정은 매도자들에게 무료로 제공되며,

판매 과정을 효율적으로 만들어 줍니다. '집팔고'의 서비스는 다양한 사연을 가진 사람들에게 새로운 판매 기회를 제공하며, 부동산 판매의 새로운 방향을 제시하고 있습니다.

우리가 자주 겪는 오해 중 하나는 중개사와의 친분이나 그 규모가 집 매매의 성공을 보장한다고 생각하는 것입니다. 그러나 실제로 부동산 거래는 크게 확률의 게임에 가깝습니다. 내 집에 관심이 있는 사람이 특정 부동산을 방문할 가능성은 있지만, 그런 경우가 항상 발생하는 것은 아닙니다. 때때로 부동산 거래는 마치 운명적인 인연이 맞아떨어져야만 성사되는 것처럼 보입니다. 실제로 광고나 홍보 없이 조용히 영업하는 공인중개사가 예상치 못하게 매물을 빠르게 계약으로 이끄는 사례도 더러 있습니다. 이와 대조적으로, 큰 규모의 공인중개사무소에서는 다수의 매물로 인해 내 집에 충분한 주의를 기울이지 못하는 상황이 발생할 수도 있습니다. 이러한 현상은 부동산 거래 시, 친분이나 규모만으로는 판매 성공을 보장할 수 없음을 시사하며, 다양한 방법과 경로를 통한 노출 확대가 중요함을 강조합니다.

아무리 유리한 매매가격을 제시해도 매매를 못하는 이유는 그에 맞는 매수자를 못 만나기 때문입니다. 이는 궁극적으로 해당 집과 인연이 있는 사람이 나타나야만 거래가 성사될 수 있음을 의미합니다. 따라서 부동산의 규모가 판매 성공의 결정적 요소라고 보는 관점에 대해 재고할 필요가 있습니다. 이러한 맥락에서 '집팔고'를 통해 집을 판 많은 이들이 감사의 말을 전해오곤 합니다. 그들은 자신의 매물이 '집팔고'를 통해 시장에 나온 직후에 매매가 성사되었다고 전합니다. 이는 '집팔고'가 특별한 방법을 적용한 것이 아니라, 간단히 매물을 많은 공인중개사무소에 동시다발적으로 내놓음으로써 거래의 확률을 증가시켰기 때문입니다.

저자는 2008년 용산 지역에서 분양받은 오피스텔은 재개발 프로젝트와 연계된 투자였습니다. 이 오피스텔은 용산 재개발이 성공적으로 진행될 경우, 아파트 입주권으로 전환될 가능성이 있었습니다. 그러나 개발 계획의 무산으로 저자는 이 오피스텔을 매도해야만 했고, 이 과정에서 초기 관리 및 임대 계약을 담당했던 부동산과의 예상 매매가 상담 결과, 다른 곳보다 훨씬 낮은 가격을 제안받았습니다. 결국 저자는 더 높은 가격을 제시한 다른 부동산과의 계약을 통해 처음의 부동산보다 수천만 원 더 높은 가격에 오피스텔을 판매할 수 있었습니다. 이 사례는 부동산 매도 과정에서 여러 중개사와 상담을 진행하고, 최적의 조건을 제시하는 곳과 계약하는 것의 중요성을 잘 보여줍니다.

공인중개사들이 제공하는 부동산 가치 평가가 다양할 수 있으므로, 매도자는 여러 곳에 문의하여 자신의 부동산을 시세보다 약간 높게 책정하는 전략을 고려하는 것이 좋습니다. 이 방법은 매도자가 더 높은 가격을 얻을 기회를 제공하는 동시에, 구매자에게 가격 협상의 여지를 남겨 거래를 성사시킬 수 있는 유연성을 제공합니다. 많은 경우, 구매자들은 심리적으로 부동산의 가격이 시장 가치에 부합하더라도, 흥정 과정을 통해 어느 정도의 가격 인하를 달성함으로써 만족감을 느낍니다. 이러한 접근 방식을 통해 매도자와 구매자 모두에게 상호 이익이 될 수 있으며, 특히 매도자에게는 최대한의 이익을 확보할 수 있습니다.

가격 협상은 부동산 매매 과정에서 중요한 순간 중 하나입니다. 마지막 단계에서 가격을 조정하지 않아 계약이 성사되지 않는 경우가 종종 발생합니다. 이는 매도자와 매수자 간의 자존심이 걸린 문제로, 양측 모두가 합리적인 합의점을 찾기 어려워할 수 있습니다. 매도자는 가격 협상 과정에서 유연한 태도를 유지하며, 필요한 경우 가격을 조정할 준비가 되어 있어야 합니다. 이는 매수자가 가격을 흥정하며 구매하는 과정에서 만족감을 느낄 수 있도록 하며, 결국 계약 성사로 이어질 수 있습니다.

더불어, 매물을 다양한 공인중개사에게 내놓는 것은 매도자에게 유리한 전략입니다. 이를 통해 여러 중개사 간의 경쟁을 유도하며, 이는 매도자에게 더 유리한 매매 조건을 이끌어낼 수 있습니다. 특히, 매물에 관한 관심이 높고 시장 상황이 매도자에게 유리할 때, 이러한 경쟁은 가격 상승으로 이어질 수 있습니다. 그러나 부동산 시장의 변동성을 고려할 때, 매도자는 시장 상황에 따라 다른 전략을 준비해야 할 수도 있습니다. 예를 들어, 경기 침체기나 부동산 가격이 하락하는 시기에는 더 신중한 접근 방식이 필요할 수 있습니다.

결론적으로, 매도자는 가격 협상 과정에서 유연성을 갖고, 매물을 다양한 경로를 통해 시장에 내놓음으로써 최적의 매매 조건을 찾아야 합니다. 이 과정에서 매도자의 신중한 판단과 전략적인 접근이 중요하며, 시장 상황에 맞는 적절한 대응이 필요합니다.

2
내 집을 더 매력적으로
만드는 방법

집을 잘 팔기 위해서는 집의 첫인상을 잘 설계하는 것이 중요합니다. 집의 첫인상은 깨끗하게 유지함으로써 시작됩니다. 집안의 '기'를 개선하고, 긍정적인 에너지 흐름을 조성해야 합니다. 풍수지리에서는 공간의 청결과 정돈이 긍정적인 '기'의 흐름을 원활하게 만들어 건강, 행운, 그리고 번영을 가져오는 중요한 요소로 여겨집니다. 예를 들어, 새해를 맞이하여 실시하는 대청소는 묵은해의 부정적인 에너지를 제거하고 새로운 해의 긍정적인 에너지를 맞이하는 전통적인 방법입니다.

또한, 집 안의 특정 공간, 특히 주방, 세면대, 욕실과 같이 물이 있는 곳을 깨끗이 하는 것은 매우 중요합니다. 고바야시 세이칸의 저서 『인생을 바꾸는 데는 단 하루도 걸리지 않는다.』에서는 집

공간을 청소하는 것은 집 안에 있는 일곱 신을 기쁘게 하여, 집안에 긍정적인 변화와 부를 가져올 수 있다고 말합니다. 특히 이 일곱 신 중 마지막으로 도착한 신이 화장실의 신 '우스사마'인데, 화장실을 깨끗이 하고 감사의 말을 전함으로써 그의 축복을 받을 수 있다는 이야기는 주방, 세면대, 욕실과 같이 물이 있는 곳의 청소의 중요성을 일깨워줍니다.

전문가의 도움을 받는 것 또한 효과적입니다. 특히 처음 집을 판매할 준비를 할 때, 청소와 공간 정리를 전문가와 함께하는 것을 추천합니다. 전문가들은 청소 및 공간 정리의 기술적인 테크닉을 제공하여, 집을 보다 매력적으로 만들 방법을 알려줍니다. 마치 중고 자동차를 새로운 시각에서 바라보게 하여 가치를 높이는 것과 같은 원리입니다. 크몽과 같은 프리랜서 플랫폼을 이용해 공간 정리, 청소, 일부 수리, 홈 스타일링, 가구 배치 및 선택에 대한 공간 컨설팅 서비스를 저렴한 비용으로 받아보는 것도 매우 좋은 방법입니다.

집 관리에서 침실 정돈은 매우 중요한 일과 중 하나입니다. 매일 아침, 침대에서 일어나자마자 침대를 깔끔하게 정리하는 습관은 하루를 기분 좋게 시작하는 데 큰 도움이 됩니다. 이때, 바닥이나 침대 주변에 무심코 놓았던 옷들을 챙겨 정리하는 것도 필수적입니다. 깨끗한 옷은 적절히 접어 옷장에 보관하거나 걸어두고, 더러워진 옷은 세탁할 수 있도록 세탁 바구니로 옮겨야 합니다. 전날 밤 사용했던 책이나 핸드로션 등의 소품들을 제자리에 두는 것도 중요합니다. 바닥에 떨어진 소소한 물건들까지도 주워 정리함으로써, 침실을 더욱 깔끔하고 쾌적한 공간으로 유지할 수 있습니다.

욕실 관리는 일상의 청결과 위생을 유지하는 데 중요한 부분입니다. 사용 후 세면대를 깨끗이 닦는 것부터 시작해야 하며, 거울과 수도꼭지에 남은 물 얼룩도 세심하게 제거해야 합니다. 변기는 시트와 테두리를 포함하여 소독용 천으로 꼼꼼히 닦아야 하며, 샤워실, 욕조, 그리고 샤워도어나 커튼에 남은 물기도 마른 타월로 닦아내야 합니다. 이때, 향수나 디퓨저를 사용하여 욕실 공간을 상쾌하게 유지하는 것이 좋습니다. 사용한 수건은 정기적으로 깨끗한 것으로 교체해 주고, 욕실의 바닥은 주기적으로 쓸고 닦아야 함으로써 먼지와 물기를 제거하고, 청결을 유지합니다. 이렇게 체계적으로 욕실을 관리함으로써, 위생적이고 쾌적한 환경을 만들 수 있으며, 건강한 생활을 위한 기반을 마련할 수 있습니다.

주방 관리에 있어서는 식기 세척기가 가득 차면 비우고, 싱크대를 비우고 물기를 닦는 것이 중요합니다. 주방용 스펀지를 적셔서 전자레인지에 2분 동안 돌리는 것은 스펀지를 소독하는 효과적인 방법입니다. 상판 대리석과 기기 전면에 스프레이를 뿌리고 닦으며, 대리석 위에 있는 물건들을 깔끔하게 정리합니다. 젖은 천을 사용하여 바닥에 튄 자국을 닦아내고, 더러워진 행주는 세탁물 바구니에 넣은 후 깨끗한 행주로 교체해야 합니다. 바닥을 빠르게 쓸어내는 것도 잊지 말아야 합니다.

거실에서는 소파 위에 있는 쿠션이나 무릎 담요를 정리하고, 잡지나 TV 리모트 컨트롤 등을 거실 탁자 한편이나 아래 선반에 깔끔하게 정리합니다. 탁자 위의 부스러기와 지문을 닦으며, 바닥을 확인하여 청소기를 사용하여 바닥에 있는 지저분한 것을 청소합니다. 이러한 구체적인 실천 방법들을 통해 집의 청결함을 유지하고 관리할 수 있으며, 이는 집의 매력을 높이는 데 크게 기여합니다.

첫인상을 넘어서 집의 가치를 높이기 위해선 홈 스테이징 전략이 필수적입니다. 홈 스테이징은 매물의 매력을 극대화하여 더 빠른 판매와 높은 가격을 달성하기 위한 핵심 전략입니다. 하지만 중요한 것은 비용을 효과적으로 관리하는 것입니다. 홈 스테이징에 드는 비용은 매매가의 1~3%를 넘지 않도록 해야 합니다. 이는 집의 가치를 최대 10~15%까지 인정받을 수 있는 최대 허용치를 기반으로 한 것입니다. 비용을 넘치게 사용하면 보여지는 가치가 더이상

올라가지 않아 투자 대비 수익률(ROI)이 감소합니다.

홈 스테이징에서 주방과 화장실의 개선은 집의 가치를 높이는 데 있어 핵심적인 역할을 합니다. 주방은 집을 선택하는 데 있어 중요한 공간으로, 특히 여성 구매자에게 매우 중요한 영향을 미치는 곳입니다. 주방을 개선함으로써 얻을 수 있는 가치는 상당히 크며, 주방 가구, 문짝의 외관, 상판 대리석(인조 대리석 포함)의 업그레이드는 특히 효과적입니다. 이러한 개선 작업을 통해 상대적으로 낮은 비용으로도 큰 가치 증대 효과를 기대할 수 있습니다. 주방을 현대적이고 매력적으로 만들어 주는 개선 사항들은 집 전체의 매력을 높이며, 구매자들에게 긍정적인 인상을 주어 최종 구매 결정에 큰 영향을 미칠 수 있습니다.

사례 1) 개선 전

사례 1) 개선 후

사례 2) 개선 전

사례 2) 개선 후

화장실은 집의 가치를 높일 수 있는 중요한 공간 중 하나입니다. 특히, 타일을 교체하는 것과 같은 개선 작업은 비용 대비 높은 효과를 얻을 수 있으며, 화장실의 전반적인 분위기를 크게 향상할 수 있습니다. 이러한 개선은 집의 전체적인 매력을 증가시키는 데 큰 역할을 하며, 결과적으로 집을 더 빠르게, 그리고 더 높은 가격에 판매할 기회를 마련합니다. 홈 스테이징을 통한 청소와 관리는 집을 더욱 매력적으로 만들어주는 중요한 전략으로, 효과적인 ROI(투자 대비 수익) 최적화 방법 중 하나입니다. 이러한 접근 방식은 집을 판매할 때 중요한 가치를 더하며, 구매자들에게 긍정적인 첫인상을 제공함으로써 판매 과정을 가속화시킬 수 있습니다.

3

내 집 가치 올리는 방법

대한민국의 역사를 살펴보면, 6.25전쟁 이전과 이후로 나라의 성장기를 나눌 수 있습니다. 전쟁 이전에는 신분제도가 존재하는 봉건사회였기 때문에 개인과 국가 모두 발전 속도가 느렸습니다. 그러나 전쟁 이후 이승만 대통령의 농지개혁이 성공적으로 이루어지면서, 대한민국은 급격한 성장을 경험하게 됩니다. 소작농들이 자작농이 되어 자신의 땅에서 농사를 지으며, 자녀들을 학교에 보내고 지적 수준을 높이는 과정에서 국가 전체가 발전하였습니다. 이러한 발전은 모든 사람들의 삶의 질을 높여 주거 환경 개선에도 긍정적인 영향을 미쳤습니다. 각 정부의 주택 공급 정책은 많은 사람들에게 집을 제공하는 데 중요한 역할을 하였으며, 현재 주택 보급률이 100%를 넘는 상황에 이르렀습니다.

이제 대한민국은 건립된 주택들이 점점 노후화되고 있는 새로운 도전에 직면해 있습니다. 이러한 상황에서 리모델링은 단순히 선택이 아닌 필수적인 조치로 자리 잡고 있습니다. 바쁜 현대인들은 새 집을 구매할 때 리모델링이 완료된 주택을 선호하며, 비용이 더 들더라도 그 가치를 인정하고 지불할 의향이 있습니다. 이는 리모델링이 단순한 집의 개조를 넘어서, 삶의 질을 향상하고 재산 가치를 높이는 중요한 역할을 하고 있음을 보여줍니다. 따라서 리모델링은 현대 사회에서 주거 환경을 개선하고, 개인의 삶의 질을 높이는 데 있어 중요한 전략이 되었습니다. 이러한 시대적 상황과 대중의 선호도는 리모델링의 필요성과 가치를 더욱 강조하며, 앞으로도 이 트렌드는 계속될 것으로 예상됩니다.

새 집에 대한 사람들의 열망은 변하지 않는 공통된 특성입니다. 현대 사회에서 새 집을 구하는 것은 점점 더 어려워지고 있습니다. 이미 좋은 위치에는 대부분의 아파트나 건물이 들어서 있어, 새 집을 원하는 사람들은 외곽으로 이동하거나 재건축의 길을 모색해야 하는 상황입니다. 하지만 재건축 또한 정부의 규제로 인해 쉽지 않은 선택이 될 수 있습니다. 그럼에도 수도권에서 신규 아파트 분양이 있을 때마다 사람들의 관심이 집중되는 것은, 새 집이 주는 매력 때문입니다.

리모델링은 이러한 문제에 대한 해결책을 제시합니다. 리모델링은 단순히 건물의 뼈대를 유지하면서 내부를 새롭게 단장하는 것에서부터, 몇 가지 인테리어 변경에 이르기까지 다양한 형태로 이루어질 수 있습니다. 이 과정을 통해, 오래되고 획일화된 아파트도 현대적이고 개성 넘치는 공간으로 변모할 수 있습니다. 현재 많은 사람들이 모던하고 심플한 디자인을 선호하는 가운데, 호텔식 인테리어나 유럽식 인더스트리얼, 한옥을 연상시키는 디자인까지 다양한 스타일로 리모델링이 가능합니다. 이렇게 자신의 취향에 맞춘 리모델링은 단순한 주거 공간의 변화를 넘어, 삶의 방식 자체를 변화시키고 한 가족의 삶을 성공적인 방향으로 이끄는 힘이 있습니다.

리모델링은 우리의 삶의 질을 높이는 두 가지 중요한 측면에서 고려될 수 있습니다. 첫 번째는 개인의 만족과 가족의 행복을 위한 리모델링입니다. 이러한 리모델링은 비용을 고려하지 않고 럭셔리한 변화를 추구하는 것으로, 오로지 가족의 만족을 목표로 합니다. 이 경우, 고가의 자재와 고급 인테리어 디자인이 특징입니다. 비록 이런 리모델링을 통해 대만족을 얻을 수 있지만, 매매 시장에서의 가치는 예상외로 낮을 수 있습니다. 비싼 리모델링 비용 때문에 매매가는 올라가지만, 그 가치를 인정해주는 구매자를 찾기는 어렵습니다. 인테리어에 많은 비용을 투자하면 할수록, 그 비용을 회수하기는 더 힘들어집니다. 결과적으로, 이러한 유형의 리모델링은 개인적인 만족을 위한 투자로 간주될 수 있습니다. 대부분의 경우, 리모델링에 들어간 비용 대비 시장 가치의 상승은 제한적일 수 있습니다. 매매가의 10% 내외가 적정하다고 할 수 있습니다. 그 선을 넘지 않는 것이 현명한 하다고 할 수 있습니다.

두 번째 측면은 재테크의 관점에서 리모델링을 바라보는 것입니다. 이 접근 방식에서는 특정 부분만을 선별적으로 개선하여 집의 전체적인 가치를 높이는 것을 목표로 합니다. 여성들의 구매결정력이 커지면서, 주방, 욕실, 현관 등 특정 공간에 대한 리모델링이 주택 매매 가치를 크게 높일 수 있습니다. 주방은 집의 가치를 결정하는 중요한 요소로, 현대적이고 기능적인 주방 디자인은 집 전체의 인상을 바꿀 수 있습니다. 욕실 역시 마찬가지로, 시대를 반영하는 디자인과 기능을 갖춘 욕실은 집의 가치를 상승시킵니다. 현관과 신발장의 세련된 교체는 첫인상을 결정짓는 중요한 요소이며, 간단한 도배와 마루 작업으로도 큰 변화를 줄 수 있습니다.

가장 핵심적으로 염두해둘 부분은 해당 지역의 부동산의 수준에 비례해서 판단해야 합니다. 예를 들면 주변 부동산보다 조금만 좋으면 된다는 말입니다. 부동산 등급으로 표현한다면 A등급은 같은 등급의 수준에서 많이 떨어지거나, 반대로 많이 높으면 판매 시장에서는 인정을 못 받을 확률이 높습니다. 수준이 낮으면 자존감이 떨어져서 사지 않고, 많이 높으면 그 높이에 맞는 지역으로 가지, 비싼 돈을 주고 사는데 수준이 맞는 지역으로 이동하기 때문입니다. 그래서 리모델링을 할 때는 지역 부동산의 수준의 범주에서 벗어나지 않게 하는 것이 중요합니다.

이러한 선별적 리모델링은 비용 대비 높은 가치를 창출할 수 있는 효과적인 방법입니다. 주방이나 욕실 같은 핵심 공간의 개선은 구매자에게 큰 매력 포인트가 됩니다. 이 방식은 리모델링에 들어가는 비용을 최소화하면서, 집의 매매 가치를 최대화하는 데 중점을 둡니다. 따라서, 재테크 목적의 리모델링은 시장의 수요와 선호도를 잘 분석하고, 가장 가치 있는 개선을 선택하는 전략적 접근이 필요합니다. 시대에 따라 변화하는 인테리어 트렌드를 반영하는 것도 중요한 요소 중 하나입니다. 이와 같은 접근은 매매 시 더 높은 가격을 받을 가능성을 높여줍니다.

결론적으로, 리모델링은 삶의 질을 높이는 개인적인 만족과 재테크적인 측면 모두에서 중요한 역할을 합니다. 개인의 만족을 위한 리모델링은 가족의 행복을 최우선으로 하며, 재테크를 목적으로 하는 리모델링은 경제적 가치를 중시합니다. 각각의 접근 방식은 그 목적과 필요에 따라 다르며, 리모델링을 고려할 때 이 두 가지 측면을 모두 고려하는 것이 중요합니다. 어떤 목적으로 리모델링을 결정하든, 그 결과는 우리의 삶에 긍정적인 변화를 가져다줄 것입니다.

최근 몇 년 사이에 '먹방', '쿡방'에 이어 '집방'이라는 신조어가 등장하며 대중의 관심사와 소비 트렌드에 큰 변화를 가져왔습니다. 이 신조어는 셀프인테리어, 리모델링, 신축 등을 주제로 한 방송을 의미하며, 사람들이 자신의 거주 공간을 어떻게 인식하고 가치를 부여하는지에 대한 변화를 반영합니다. 리모델링은 이러한 변화에 부응하여, 간단한 페인팅에서부터 건물의 외부와 내부를 완전히 새롭게 변모시키는 광범위한 작업을 포함합니다. 실제로, 튼튼한 골조만 있다면, 신축에 필적하는 결과를 훨씬 저렴한 비용으로 달성할 수 있습니다.

현재 셀프인테리어가 대세를 이루고 있지만, 많은 사람들이 실제로 리모델링을 직접 시도하기에는 능력이나 비용적인 측면에서 자신감이 부족합니다. 이에 따라, 잘된 리모델링 작업이 시세보다 높은 가격에도 불구하고 매수자를 유혹하는 현상이 발생하고 있습니다. 이는 리모델링이 잘된 집이 한눈에 시선을 사로잡고 구매 결정에 큰 영향을 미칠 수 있음을 의미합니다. 또한, 리모델링의 범위를 넓혀 다양한 용도나 업종으로의 전환을 가능하게 함으로써, 투자자에게는 수익 증대의 기회를 제공합니다.

예를 들어, 대학가 주변의 낡은 건물을 현대적인 원룸이나 고시텔로 변모시키면, 수요 증가와 함께 수익도 자연스럽게 상승할 것입니다. 특히, 신림동과 같은 지역에서 고시원이 셰어하우스로 변화하는 추세는, 고시생 수의 감소와 1인 가구의 증가로 인한 수요 변화에 민감하게 대응하는 투자자들의 전략적 접근을 보여줍니다. 이러한 변화는 주거용 부동산에 있어 주방과 화장실 리모델링에 특히 신경 쓸 필요가 있음을 시사합니다. 구매 결정에 있어 여성들의 영향력이 점차 커지고 있기 때문에, 이 두 공간은 매우 중요하게 여겨지며, 투자 대비 높은 수익을 기대할 수 있습니다. 주거용 부동산의 리모델링은 전문 지식이 없어도 상대적으로 수월하게 진행할 수 있으며, 리모델링 방식은 크게 두 가지로 나뉩니다.

첫 번째 방식은 전체 공정을 인테리어 업체에 맡기는 것으로, 비용은 더 많이 들지만 과정이 편리하고 결과가 보장된다는 장점이 있습니다. 두 번째 방식은 개인이 직접 전체 공정을 관리하고 공정별로 기술자를 섭외하는 것으로, 이 방식은 비용을 절약할 수 있지만 적절한 지식과 시간적 여유가 필요합니다. 상황에 따라 더 적합하고 효율적인 방식을 선택함으로써, 리모델링을 통해 삶의 질을 개선하고 투자 가치를 높일 수 있습니다. 이처럼 리모델링은 주거 공간의 변화뿐만 아니라, 사람들의 생활 방식과 투자 전략에 깊은 영향을 미치는 중요한 요소로 자리 잡고 있습니다. 만약 전문가의 도움이 필요하다면 숨고, 크몽, 집닥 플랫폼을 이용하는 부분도 추천드립니다.

저자의 한 사례로, 노후된 주택을 1억 2천만 원에 매입한 후, 2억 원의 리모델링 비용을 투입하여 집의 가치를 극대화한 경우가 있습니다. 리모델링을 통해 주택은 현대적이고 매력적인 공간으로 탈바꿈되었으며, 이후 5억 5천만 원에 매매되어, 총 2억 3천만 원의 시세 차익을 실현했습니다. 이 과정은 노후 주택의 잠재 가치를 인식하고, 전략적으로 리모델링을 통해 가치를 끌어올린 탁월한 예입니다.

리모델링 전

리모델링 후

이 사례는 리모델링이 단순한 집의 개조를 넘어서, 재산 가치를 상승시키는 중요한 수단이 될 수 있음을 보여줍니다. 특히, 주거 공간의 개선이 구매자들에게 큰 매력 요소로 작용하여, 투자한 비용 이상의 가치를 창출할 수 있음을 입증합니다. 리모델링 과정에서 중점을 둔 것은 현대적인 디자인과 기능성의 향상이었으며, 이는 최종 매매가격에 긍정적으로 반영되었습니다.

따라서, 이러한 투자 전략은 시장의 수요와 선호를 정확히 파악하고, 노후 주택의 잠재력을 극대화하는 방식으로 접근할 필요가 있습니다. 노후 주택 리모델링에 대한 신중한 계획과 전략적 실행은, 투자자에게 상당한 시세 차익을 가져다줄 수 있음을 이 사례는 명확히 보여줍니다. 결국, 리모델링은 단순한 주거 공간의 개선을 넘어서, 재테크와 부동산 가치 상승의 중요한 도구로 활용될 수 있는 것입니다. 이처럼 리모델링을 통한 가치 상승과 시세 차익 실현은 현대 부동산 투자의 한 방법으로 자리매김하고 있습니다.

본 책에서는 리모델링을 통해 주택의 가치를 어떻게 최대화할 수 있는지, 그리고 현대인들이 꿈꾸는 새로운 집의 매력을 유지하면서 경제적으로 현명한 선택을 하는 방법에 대해 심도 있게 다룹니다. 리모델링은 단순히 공간의 외관을 변경하는 작업이 아니라, 우리 삶의 질을 개선하고, 재산의 가치를 높이는 중요한 투자입니다. 이 책을 통해 리모델링의 진정한 가치와 그 과정에서 고려해야 할 중요한 요소들을 이해하고, 여러분의 삶과 재산에 긍정적인 변화를 가져올 방법을 찾아보시길 바랍니다.

4
부동산 수익을 극대화하는 기술

저는 부동산 투자에서 큰 성공을 거두며 자신감을 가졌던 시절이 있었습니다. 그 시기에는 모든 성공을 자신의 노력과 재능 덕분으로 생각했습니다. 하지만 미국에서 시작된 금융위기가 부동산 시장에 큰 타격을 주며, 가격이 급락하는 것을 목격했습니다. 이 사건을 통해, 외부 환경의 변화가 자신의 노력을 무색하게 할 수 있음을 깨닫게 되었습니다. 이 경험은 겸손을 배우게 하고, 투자 시 내면의 목소리와 외부 환경의 변화에 주의 깊게 대응하는 것의 중요성을 일깨워 주었습니다.

금융위기의 경험을 통해 깨달은 바를 바탕으로, 부동산 투자에 있어 새로운 방향을 모색하기 시작했습니다. '시세차익을 넘어서, 부동산 자체의 가치를 높일 수 있는 방법은 무엇일까?'라는 질문을 스스로에게 던졌지요. 외부 환경에 의존하지 않고, 부동산 가치를 직접적으로 상승시킬 수 있는 전략에 대해 심도 깊게 고민한 끝에, 땅을 구입하여 건물을 짓는 것이라는 결론에 도달했습니다.

　특히, 소액 투자로 시작할 수 있는 전원주택 개발에 주목했습니다. 비교적 큰 자본이 요구되는 빌라나 오피스텔 개발 대신, 초기 투자비용이 상대적으로 낮은 전원주택 개발은 초보자에게 적합한 옵션이라 판단했습니다. 이에 경기도 양평으로 향해, 본격적인 부동산 개발에 착수하기로 결심했습니다. 1억 원이라는 투자로 450평의 땅을 매입, 이 토지 위에 전원주택 3동을 지을 수 있는 출발점을 마련했습니다. 이러한 결정은 단순한 시세차익을 넘어서, 부동산의 본질적 가치를 키우고자 하는 깊은 고민의 결과물이었습니다.

3동 전원주택 건축 사례

　연구하면서 건축에 대한 경험이나 전문 지식이 없어도 전원주택을 짓는 것이 생각보다 어렵지 않다는 것을 깨달았습니다. 처음에는 막막해 보일 수 있지만, 시작해보면 많은 사람들이 도움을 줄 준비가 되어 있고, 과정이 예상보다 간단하다는 것을 알게 됩니다. 전원주택을 짓기 위해 중요한 첫 단계는 마음에 드는 땅을 찾는 것입니다. 여러 공인중개사를 통해 소개받거나 직접 발품을 팔아 찾아보는 것이 좋습니다. 원하는 지역의 땅을 확보한 후에는, 해당 지역의 건축 규정에 따라 필요한 허가 또는 신고를 진행해야 합니다.

특히, 시골 지역에서 60평 미만의 주택을 짓는 경우, 대부분 신고제로 처리되어 복잡한 절차 없이도 비교적 간편하게 건축이 가능합니다. 이는 직접 전원주택을 지으려는 사람들에게 큰 장점이며, 부담을 줄여줍니다. 중요한 것은 원하는 스타일과 기능을 갖춘 집을 설계하고, 이 과정에서 필요한 전문가나 조언자를 찾는 것입니다. 집을 짓는 과정에서 도와줄 수 있는 사람들은 생각보다 많으며, 이들의 도움을 받아 원하는 전원주택을 실현할 수 있습니다.

이제, 어떤 스타일의 전원주택을 원하는지, 어떤 기능이나 특성을 중요시하는지 고민해보는 시간을 갖는 것이 다음 단계일 것입니다.

전원주택 건축에 있어 60평 미만이라는 조건은 많은 사람들에게 큰 기회를 제공합니다. 농사를 짓는 분이든, 도시에서 전원생활을 꿈꾸는 젊은 가족이든, 자신과 가족에게 맞는 집을 짓고자 하는 모든 이들에게 가능성의 문을 열어줍니다. 이런 조건은 전원주택을 짓고자 하는 사람들에게 더 쉽고 간편하게 접근할 수 있는 길을 제공하며, 복잡한 인허가 절차 대신 신고제를 통해 간단하게 처리할 수 있다는 것을 의미합니다.

건축이 완료된 후, '사용승인'을 신청하는 것 역시 매우 단순한 절차로, 집을 지은 사실을 신고하고 필요한 절차를 완료하면 됩니다. 이러한 시스템은 꿈에 그리던 자신만의 공간을 실현하고자 하는 이들에게 큰 장려가 됩니다. 복잡한 법적 요건이나 자격 요건에 대한 걱정 없이, 자신의 땅에 원하는 집을 지을 수 있는 자유를 누릴 수 있기 때문입니다.

이 과정에서 중요한 것은 자신의 꿈을 현실로 만드는 것입니다. 자신과 가족에게 맞는 생활 공간을 설계하고, 그 공간에서의 삶을 상상하면서, 실제로 그 꿈을 실현시키는 일입니다.

땅에 집을 짓기로 결정한 후, 실제 건축 절차를 시작하기 전에는 몇 가지 중요한 단계를 거쳐야 합니다. 이 과정에서 규격에 맞추어 집을 지을 필요가 있으며, 이땐 전문가의 도움을 받는 것이 필수적입니다. 첫 단계로, 토목측량사무소를 찾아가서 해당 지역의 지형과 조건에 맞는 최적의 토목 계획을 세우는 것입니다. 토목측량사무소는 토지의 형태와 환경을 파악하여, 집을 지을 위치와 방향, 건물의 구조에 관한 중요한 정보를 제공합니다.

이어서, 사무소와 연결된 건축사무소에 설계도면 작업을 의뢰합니다. 건축주가 원하는 집의 스타일과 구조를 연필로 스케치한 도안을 제공하면, 건축사는 이를 전문적인 도면으로 변환하고, 필요한 모든 건축 규정과 기준을 충족시키는 설계를 완성합니다. 이 과정의 비용은 각각 300만 원 정도로, 설계부터 허가, 준공까지 필요한 모든 과정이 포함된 금액입니다.

제출된 설계도면을 바탕으로 허가 절차를 진행하게 되며, 이는 비교적 간소화된 절차를 통해 이루어집니다. 이러한 절차를 거쳐 행정상의 준비를 마치면, 실제 건축 공사를 시작할 준비가 완료된 것입니다. 전문가의 도움으로 행정적인 부분을 원활하게 진행할 수 있어, 건축주는 건축 공사에 더 집중할 수 있게 됩니다.

집을 지을 준비가 모두 끝나고, 이제는 실제로 건설 작업에 착수할 단계에 이르렀습니다. 건축 공사를 위한 인력을 찾는 가장 효과적인 방법 중 하나는 인력사무소를 이용하는 것입니다. 인력사무소는 다양한 건설 현장 경험이 있는 전문가와 일반 노동자를 소개해주는 역할을 하며, 건축주가 필요로 하는 다양한 전문 분야의 인력을 찾는 데 큰 도움을 줍니다.

인력사무소를 통해 소개받은 인력은 건축 공사의 다양한 단계에서 필요한 역할을 수행합니다. 기초 작업부터 시작해, 구조물 세우기, 내외장 마감, 설비 작업에 이르기까지 각 단계마다 전문적인 지식과 경험이 필요한 작업들이 많으므로, 인력사무소를 통해 적합한 인력을 구하는 것은 공사 진행에 있어 매우 중요한 부분입니다.

집을 짓기 시작할 때, 가장 먼저 필요한 것은 기초 공사를 진행할 전문가를 찾는 일입니다. 이를 위해 인력사무소나 추천을 통해 기초 공사 전문가를 소개받을 수 있습니다. 만약 목조주택을 지으려 한다면, 경험이 풍부한 목수를 찾는 것이 중요합니다. 목수는 목조주택 건축에 필요한 전문 지식과 기술을 갖추고 있으며, 필요한 다른 전문가들을 연결해 줄 수 있습니다. 집을 짓는 과정은 크게 기초 콘크리트팀, 골조팀, 지붕공사 등 11개의 전문 팀으로 나뉘며, 각 팀은 건축의 다양한 단계에서 중요한 역할을 합니다. 팀별로 세부 내용을 간단하게 소개해보겠습니다.

1. 기초 콘트리트 시공

기초 콘크리트 시공팀의 역할은 건물의 기초, 즉 건축의 가장 중요한 초석을 다지는 작업입니다. 이 과정은 건물의 안정성과 내구성에 직접적인 영향을 미치므로, 전문적인 지식과 경험이 필요합니다. 현장에서 기초팀은 팀장, 일명 '오야지'에 의해 이끌리며, 모든 기술적인 작업은 팀원들이 담당합니다.

건축주나 개발자의 역할은 평면도를 제공하고 기초 공사를 요청하는 것입니다. 이때 철근, 레미콘, 부자재 준비는 기초팀 팀장에게 맡기면 됩니다. 팀장은 오랜 경험과 구축된 인프라를 바탕으로 필요한 자재를 준비하고 작업을 조율합니다. 이 과정은 건축주에게는 상대적으로 간단하게 보일 수 있지만, 사실은 깊은 전문 지식, 경험, 그리고 철저한 계획이 필요한 작업입니다.

기초 공사의 성공은 안전하고 견고한 건물을 세우기 위한 첫걸음입니다. 따라서 기초팀의 선택과 협력은 매우 중요하며, 팀장과의 원활한 소통과 협력을 통해 공사가 효율적으로 진행될 수 있도록 해야 합니다. 기초 공사는 건축 공사의 나머지 부분에 대한 토대를 마련하는 중대한 단계이므로, 이 과정을 통해 건물의 기본적인 안정성과 지속 가능성을 확보하는 것입니다.

2. 골조시공

골조팀의 역할은 건물의 기본 구조를 세우는 매우 중요한 작업입니다. 이 과정에서는 건물의 '뼈대'를 만들어내며, 이 뼈대는 건물의 전체적인 형태와 실내 구조의 기본 틀을 결정짓습니다. 골조 공사는 건물의 모양이 처음으로 나타나는 단계로, 이 시점에서 각각의 실이 구현되고 공간의 개념이 형성됩니다.

설계 과정에서의 계획과 달리 실제 공사가 진행될 때는 다양한 요소로 인해 생각했던 것과 다른 결과가 나타날 수 있습니다. 예를 들어, 특정 공간이 예상보다 너무 작거나 너무 클 수 있고, 이러한 경우에는 골조 공사 단계에서 공간의 크기나 형태를 조정할 수 있는 기회가 됩니다. 이는 골조팀의 작업이 단순히 구조적 안정성을 확보하는 것을 넘어서, 건물의 실용성과 미적 가치에도 직접적으로 영향을 미친다는 것을 의미합니다.

따라서 골조팀과의 긴밀한 협력과 소통은 설계 단계에서의 계획을 실제로 구현하는 데 있어 매우 중요합니다. 건축주와 골조팀이 협력하여 실제 공간과 설계의 차이를 최소화하고, 필요한 조정을 통해 기대를 충족시키는 것이 중요합니다. 골조 공사는 건물의 전체적인 품질과 사용자의 만족도에 결정적인 영향을 미치는 단계이므로, 이 단계에서의 세심한 계획과 실행은 건축물의 성공을 위해 필수적입니다.

3. 내장 인테리어 시공

내장 인테리어팀은 집의 내부를 꾸미는 예술가들입니다. 그들의 손길에 따라 실내 공간은 모던, 센추리, 한옥, 호텔 스타일 등 다양한 분위기를 연출할 수 있으며, 각각의 스타일은 거주자의 취향과 예산에 맞춰 세심하게 조율됩니다. 이 과정에서 가장 중요한 역할을 하는 것은 내장 목수팀으로, 그들은 실내 공간의 변신을 가능하게 하는 핵심 인물들입니다. 이에 공사 시작 전 목수팀장과의 충분한 협의는 필수적이며, 사전 미팅을 통해 원하는 스타일과 디테일을 명확히 전달하는 것이 좋습니다. 그러나 일단 작업이 시작되면, 목수들이 작업에 집중할 수 있도록 하는 것이 중요합니다. 과도한 간섭이나 친절은 오히려 작업 속도를 저하시키고 인건비 증가로 이어질 수 있기 때문입니다. 따라서, 내장 인테리어 작업은 예술성과 실용성, 그리고 효율성이 조화를 이루어야 하는 미묘한 과정입니다. 이 과정을 통해 집은 단순한 거주 공간을 넘어, 거주자의 개성과 삶의 방식을 반영하는 맞춤형 예술 작품으로 거듭나게 됩니다.

4. 건물 외장 시공

외장 작업은 스타코, 벽돌, 대리석 등 다양한 재료를 사용하여 건물의 외부를 꾸미는 과정입니다. 스타코는 깔끔한 외관을 제공하고 거의 모든 건물에 적용 가능하며, 특히 전원주택에 인기가 많은 재료로 가성비가 뛰어납니다. 그러나 시간이 지남에 따라 오염이 생길 수 있는 단점이 있습니다. 벽돌은 더 전통적인 선택으로, 건물의 특성에 따라 사용이 제한될 수 있으며, 설계 단계에서부터 고려되어야 합니다. 대리석은 외장재 중에서 가장 고가이며, 고급주택에 주로 사용되어 완성된 건물에 고급스러움을 더합니다. 또한, 사이딩이나 세라믹과 같은 다른 재료들도 선택할 수 있으며, 특히 일본에서는 세라믹이 인기가 있습니다.

이러한 다양한 외장재의 선택과 시공 과정에서 가장 중요한 것은 마감 작업의 품질입니다. 외벽은 건물의 외부에 노출되어 있어 물과 기타 외부 요소에 매우 민감하며, 마감이 제대로 이루어지지 않으면 누수의 원인이 될 수 있습니다. 따라서, 외장 작업의 성공은 재료의 선택뿐만 아니라, 시공 마감의 세심한 주의와 품질 관리에서 결정됩니다. 이 과정을 통해 건물은 단순히 기능적인 공간을 넘어, 지역사회의 랜드마크와 주변 환경에 조화를 이루는 예술 작품으로 자리매김할 수 있습니다.

5. 지붕공사

지붕 공사는 건물의 "왕관"을 장식하는 중요한 과정입니다. 이 과정에서 사용되는 소재는 기와, 징크, 아스팔트 슁글, 함석기와 등으로 다소 제한적이지만, 각 소재는 건물에 독특한 미적 가치와 기능성을 부여합니다. 가장 흔히 사용되는 소재는 아스팔트 슁글로, 그 이유는 비용 효율성과 내구성, 그리고 유지 관리의 용이성 때문입니다. 아스팔트 슁글은 고무 재질로 만들어져 영구적이며, 불량률이 낮은 특성을 가지고 있습니다.

한편, 기와는 한국에서 전통적으로 선호되는 지붕재로, 과거에는 부의 상징으로 여겨졌으며 현재도 그 고급스러움과 무게감으로 많은 사람들에게 사랑받고 있습니다. 징크는 현대적이고 심플한 디자인을 선호하는 이들에게 인기 있는 소재로, 최근 사용률이 증가하고 있습니다. 이는 징크가 현대적 감각을 살리는 데 적합하기 때문입니다.

지붕 공사의 성공은 단순히 소재의 선택을 넘어서는데, 특히 중요한 것은 공기순환장치와 누수 방지입니다. 여름에 태양열을 많이 받는 지붕에서 열교환이 제대로 이루어지지 않으면 실내 온도에 큰 영향을 줄 수 있으므로, 적절한 공기순환장치 설치가 필수적입니다. 또한, 누수 방지를 위해 방수시트의 철저한 시공과 벨리 부분에 대한 주의가 필요합니다. 이러한 세심한 주의를 기울임으로써 지붕은 건물을 외부 환경으로부터 보호하는 동시에, 건축물의 미적 가치를 높이는 중요한 역할을 하게 됩니다. 지붕 공사는 건물의 완성도를 높이고, 장기적인 내구성을 보장하는 결정적인 단계로, 건축물의 기능과 미학을 모두 고려한 신중한 계획과 실행이 요구됩니다.

6. 오수 및 난방 설비

설비 공사는 집안에서 물을 사용하는 모든 과정을 원활하게 하기 위한 필수적인 과정입니다. 이 공사는 기초 공사 단계부터 시작되며, 배관을 적절한 위치에 설치하고 콘크리트 타설 이전에 정확한 경사(구배)를 설정하는 것이 중요합니다. 경사는 일반적으로 5% 내외가 이상적이며, 구배 설정 실수는 큰 손실을 초래할 수 있으므로 주의가 필요합니다.

배관 위치의 정확성도 매우 중요합니다. 욕실의 세면기, 변기, 샤워부스 등의 설치 위치를 정확하게 계획하여야 하며, 그렇지 않을 경우 마감 후 미관상 문제가 발생할 수 있습니다. 설비 공사 후 위치가 잘못된 것을 발견하면, 방수 작업 전에 설비팀에게 위치 변경을 요청해야 합니다. 또한, 보일러 배관에도 주의를 기울여야 하며, 15mm 엑셀 배관 사용을 권장합니다. 이는 겨울철 충분한 난방을 위해 필수적이며, 배관 간격을 20cm로 유지하는 것이 좋습니다.

특히, 배관 연결 시 자재 절약을 위해 중간에 연결하는 방식을 피해야 합니다. 이는 시간이 지나면서 열로 인한 수축 팽창이 발생하여 누수의 원인이 될 수 있기 때문입니다. 설비 공사는 집안의 편리함과 안전을 동시에 보장하는 중요한 과정으로, 세심한 계획과 주의 깊은 실행이 요구됩니다. 이 과정을 통해, 물 사용과 배출이 원활하게 이루어지는 집안 환경을 조성함으로써, 거주자의 생활 편의성과 만족도를 크게 향상시킬 수 있습니다.

7. 전기 및 조명 시공

전기팀의 작업은 집안의 전기 시설을 구축하는 핵심 과정으로, 스위치, 콘센트, 조명, 통신선 등을 설치하는 업무를 담당합니다. 이 과정에서 가장 중요한 것은 각 실에 필요한 조명과 콘센트의 배치를 사전에 결정하는 것입니다. 특히 전원주택의 경우, 60평 이하 주택은 신고만으로도 공사가 가능하기 때문에 많은 경우 전기 도면 없이 시공이 진행되지만, 이는 전기팀의 기본적인 설치 매뉴얼에 따라 진행됩니다.

그러나 사용자의 특별한 요구사항, 예를 들어 조명과 콘센트의 정확한 위치 설정은 직접 전달해야 합니다. 사용자가 원하는 위치에 정확하게 설치되지 않을 경우, 임의대로 시공되어 사용자의 기대와 다른 결과를 초래할 수 있습니다. 특히 고전력을 요구하는 인덕션, 비데 등의 전기기구를 사용하는 공간에서는 표준 콘센트 전선(2.5스퀘어)보다 두꺼운 4스퀘어 전선 사용이 필수입니다. 이는 전력 부족으로 인한 집안의 전등 깜박임 현상을 방지하기 위함입니다.

또한, 현대 생활에서 가전제품 사용량의 증가를 고려할 때, 충분한 전력 공급을 위해 전기 설비 시 고려되어야 하는 전선 굵기와 콘센트의 수, 위치가 중요합니다. 이를 통해 사용자는 집안의 다양한 전기기구를 문제없이 사용할 수 있게 됩니다. 전기팀의 작업은 단순히 전기를 설치하는 것을 넘어, 편리하고 안전한 생활 환경을 조성하는 데 중요한 역할을 합니다. 따라서 사전 계획과 사용자의 명확한 요구 사항 전달이 전기 설비의 성공적인 완성을 위해 필수적입니다.

8. 타일시공

타일 공사는 주로 욕실, 주방, 현관과 같이 물을 사용하는 공간에서 중요한 역할을 합니다. 타일의 선택과 시공 방법에 따라 공간의 분위기와 고급스러움이 크게 달라지며, 이는 결국 시공자의 선택에 크게 의존합니다. 고품질의 타일을 저렴한 가격에 구매할 수 있는 방법 중 하나는 경기도와 광주 지역의 창고형 타일 아웃렛을 이용하는 것입니다. 이곳에서는 대형 호텔이나 건물 납품 후 남은 타일을 저렴한 가격에 제공합니다. 이런 타일은 보통 소량만 남아 있어 욕실 한두 실 정도에 사용할 수 있는 양이 대부분이지만, 고급 타일을 저렴한 가격에 구할 좋은 기회를 제공합니다.

시공 품질에 영향을 미치는 또 다른 중요한 요소는 시공자의 기술 수준입니다. 시공자는 크게 평타 기사와 고급 기술자로 나뉘는데, 평타 기사는 주로 아파트나 빌라와 같이 동일한 구조와 타일을 대량으로 시공하는 경우에 적합합니다. 이들은 빠른 시간 내에 많은 양의 작업을 처리해야 하기 때문에, 때때로 퀄리티가 떨어질 수 있습니다. 반면, 고급 기술자는 보다 섬세하고 품질 높은 시공을 원하는 경우에 적합합니다.

타일 공사의 성공은 적절한 타일 선택과 고급 타일을 저렴하게 구입할 수 있는 노력, 그리고 뛰어난 시공자 선택에 달려 있습니다. 이 세 가지 요소를 잘 조합함으로써, 욕실, 주방, 현관 등의 공간을 더욱 아름답고 가치 있는 공간으로 변모시킬 수 있습니다. 타일 공사에 있어서 질 좋은 재료와 숙련된 기술의 결합은 집 전체의 분위기와 가치를 상승시키는 중요한 요소가 됩니다.

9. 도배 시공

도배 작업은 집안의 분위기를 결정짓는 중요한 마감 작업입니다. 이 작업은 집의 최종 외관을 결정하기 때문에, 숙련된 도배팀을 선택하는 것이 중요합니다. 특히, 서울 을지로에 소속된 기공들이 다양한 퀄리티의 고급 주택 시공 경험을 바탕으로 높은 마감 수준을 제공한다고 알려져 있습니다. 이들은 다양한 시공 경험을 통해 고객의 눈높이에 맞추는 노력을 하며, 이는 결과적으로 시공 마감 수준을 높이는 데 기여합니다.

벽지 선택 시 디테일은 매우 중요합니다. 도배의 마감 수준은 집에 대한 전반적인 만족도에 큰 영향을 미치며, 심지어는 그 집에 살고 싶은 욕구와 직접적으로 연결될 수 있습니다. 따라서, 도배는 단순한 벽면 커버링을 넘어서, 집안의 살기 좋은 분위기를 만드는 중요한 역할을 합니다.

대부분의 집들은 밝은 계열의 한 톤 벽지를 선호하지만, 각 실마다 다양한 색감의 벽지를 사용하여 공간마다 다른 분위기를 연출하는 것도 좋은 방법입니다. 이러한 다양성은 각 공간의 용도와 주민들의 개성을 반영할 수 있으며, 전체적인 집안의 분위기를 더욱 풍부하게 만들어줍니다. 즉, 도배 작업은 집안의 외관뿐만 아니라 거주자의 삶의 질에도 직접적인 영향을 미치는 중요한 과정입니다. 따라서, 품질이 높고 경험이 풍부한 도배팀을 선택하고, 개성과 취향을 반영한 벽지를 선정하는 것이 중요합니다.

10. 마루 시공

마루 공사에서는 재질뿐만 아니라 색감이 매우 중요합니다. 마루는 대체로 강화마루, 강마루, 원목마루로 나뉘며, 각각의 특성과 장단점이 있습니다.

강화마루는 여름과 겨울의 습도 변화에 따른 수축과 팽창이 심해 불량이 많이 발생할 수 있다는 단점이 있지만, 가성비 면에서 많은 선택을 받고 있습니다. 반면, 강마루는 강화마루의 단점을 보완하고 원목마루의 장점을 결합한 제품으로, 다양한 종류와 색상이 제공되어 집안의 분위기와 잘 맞추어 선택할 수 있습니다. 원목마루는 자연스러운 느낌과 따뜻한 분위기를 제공하지만, 찍힘에 약하다는 단점이 있습니다.

강마루는 기본형부터 광폭, 대리석 느낌의 강마루까지 다양한 스타일을 제공하며, 이를 통해 저렴한 가격에도 불구하고 집안을 고급스럽게 만들 수 있는 장점이 있습니다. 즉, 마루 선택 시 재질의 특성을 고려하면서도 색상과 스타일이 집안의 전체적인 분위기와 어우러지는지 신중하게 고려해야 합니다.

마루 선택과 시공은 집안의 외관 뿐만 아니라 쾌적함과 사용자의 만족도에 직접적인 영향을 미치므로, 마루 재질과 색상을 집안의 스타일과 잘 조화시키는 것이 중요합니다. 이러한 선택은 집안의 전체적인 분위기를 한층 업그레이드시키고, 거주자에게 만족감을 제공하는 열쇠가 됩니다.

11. 창호 시공

창호 선택과 시공은 건물의 외관과 실내 환경에 큰 영향을 미치므로, 디벨로퍼로서는 좋은 사양의 창호를 저렴한 가격에 시공하는 것이 중요한 목표입니다. 창호 시장에는 다양한 브랜드와 제품이 존재하며, 이 중에서 가성비가 뛰어난 선택을 하는 것이 핵심입니다.

창호 제품을 저렴하게 구매하는 한 가지 방법은 직접 창호 생산 공장과 거래하는 것입니다. 보통 샤시 대리점을 통해 구매할 경우, 대리점 마진이 포함되어 가격이 높아지는데, 직접 공장과 거래함으로써 이러한 추가 비용을 줄일 수 있습니다. 공장에서 직접 납품받을 경우 샤시 대리점을 통하는 것에 비해 절반 가격으로 구매할 수 있으며, 이는 디벨로퍼로서 큰 비용 절감 효과를 가져올 수 있습니다.

또한, 시공 과정에서는 전문 목수팀이나 창호 시공 전문가를 통해 시공을 진행하는 것이 좋습니다. 이렇게 하면 생산 공장과의 직거래를 통해 구매한 창호 제품을 효율적이고 전문적으로 설치할 수 있으며, 이는 최종적으로 시공 단가를 30% 이상 줄이는 방법입니다.

좋은 사양의 창호를 저렴한 가격에 시공하는 것은 건물의 에너지 효율성, 외관의 아름다움, 그리고 실내 환경의 쾌적함을 동시에 달성할 수 있는 핵심 요소입니다. 따라서, 창호 선택과 시공 과정에서 비용과 품질 사이의 최적의 균형을 찾는 것이 중요하며, 이를 위해 생산 공장과의 직거래와 전문 시공팀의 활용은 매우 유용한 전략이 될 수 있습니다.

지금까지 설명드린 건축 과정은 직영공사 방식에 해당합니다. 이 방식은 대형 아파트, 빌라, 오피스텔, 전원주택 건축에 모두 적용되며, 시공사가 직접 건물을 짓지 않고 각 분야의 전문 팀을 연결하여 프로젝트를 진행하는 구조입니다. 시공사의 역할은 직접적인 건축 기술자가 아닌, 전문가 팀을 조율하고 건물의 완성을 위해 필요한 순서에 따라 각 팀을 관리하는 것입니다. 이 방식은 각 파트별로 전문적인 지식과 기술을 가진 팀에게 책임을 맡김으로써, 고품질의 건축물을 완성할 수 있는 효율적인 접근법입니다. 각 팀은 자신들의 업무에 대해 큰 책임감을 가지고, 주어진 작업을 성실히 수행합니다.

직영공사 방식은 건축 과정에서 시공사에게 지불되는 마진을 줄임으로써 비용을 절감하는 전략입니다. 이 방식을 통해 약 10~30%의 비용을 절약할 수 있습니다. 시공사는 기술자들을 조직하여 건물을 짓고, 그 과정에서 마진을 취득하는 구조인데, 이 마진을 줄이면 상당한 이익을 얻을 수 있습니다. 특히 전원주택과 같은 프로젝트에서 비용 절감을 원한다면, 직영공사 방식이 가장 효과적입니다. 시공사의 서비스에 대해 무료로 제공될 수는 없기 때문에, 시공사의 마진을 최소화하는 것이 비용을 줄이는 최선의 방법입니다. 실제로 시공단가는 시공사를 통하든 직접 하든 각 파트별로 정해진 단가가 있기 때문에 큰 차이가 없습니다. 따라서, 시공사의 마진을 줄이는 접근 방식은 비용 효율적인 건축을 가능하게 합니다.

15년 간의 전원주택 시공 경험을 통해, 진정한 가치 창출의 비결은 1인 디벨로퍼가 되는 것임을 깨달았습니다. 땅의 가치는 그 위에 지어진 건물에 의해 결정된다는 사실을 목격했습니다. 좋은 땅도 건축물이 허술하면 그 가치가 떨어지고, 반대로 덜 뛰어난 땅도 우수한 건물이 들어서면 가치가 급상승합니다. 이는 건물이 땅의 가치를 좌우한다는 명확한 증거이며, 따라서 땅과 건물을 잘 선택하고 관리하는 1인 디벨로퍼가 되는 것이 부동산 가치를 극대화하는 최상의 방법임을 의미합니다.

1인 디벨로퍼로 활동하여 토지의 최대 가치를 창출하는 방법 중 하나는 지목 변경입니다. 특히, 농지를 대지로 전환하는 과정을 통해 토지 가치를 급상승시킬 수 있습니다. 지목이 변경되는 순간, 토지의 가격은 최소한 두 배로 상승하는데, 이는 토지의 활용 가능성과 개발 잠재력이 크게 증가하기 때문입니다. 따라서, 지목 변경 절차는 토지 투자와 개발에서 가치 상승을 보장하는 확실한 방법으로 꼽힙니다. 이 과정을 통해 1인 디벨로퍼는 토지의 가치를 극대화하고, 이를 통해 최고의 수익을 창출할 수 있습니다.

5

내 집, 가장 비싸게
파는 전략

    집을 판매할 때, 매도인의 태도가 매수인의 결정에 큰 영향을 미칩니다. 특히 급하게 판매하려는 태도는 약점으로 비춰질 수 있으며, 이는 결국 매도인에게 불리하게 작용할 가능성이 큽니다. 따라서 침착함을 유지해야 하고, 너무 적극적인 태도는 피하는 것이 좋습니다. 예를 들어, 매도인 이 집을 빨리 팔고 싶다는 인식을 심어주게 되면 협상에서 불리해지기 때문에 다급한 태도는 금물입니다. 단순히 매수인에게 집의 가치를 스스로 발견하게 하고, 필요할 때 적절한 정보를 제공해야 합니다. 이러한 접근 방식을 통해 매수인은 내 집에 대해 더 관심을 가지고, 집의 가치를 더 높게 평가하게 만들 수 있습니다.

비록 집을 매매할 때 몇 가지 단점이 있을 수 있습니다. 이러한 단점은 공인중개사가 장점으로 바꿀 방안을 제안하는 게 좋습니다. 따라서 매도인은 단점을 직접 언급하기보다는 이러한 부분을 공인중개사에게 맡겨서, 집의 긍정적인 측면을 최대한 부각시키는 전략을 취하는 것이 좋습니다. 집을 판매하는 과정에서, 매도인의 역할은 단순히 판매자가 아니라, 그 집의 이야기꾼으로서 매수인에게 집의 가치를 전달하는 것입니다. 이렇게 함으로써 매수인에게 긍정적인 이미지를 갖게 하여, 구매 결정에 도움 주는 역할을 하는 것이 바람직합니다.

집을 볼 때 매수인의 반응과 행동은 집에 대한 관심도를 판단하는 데 중요한 요소 작용합니다. 집에 대해 다양한 질문을 하고 세세한 부분까지 꼼꼼하게 살펴본다면, 상당한 관심이 있다는 명백한 신호로 해석될 수 있습니다. 이러한 매수인의 행동은 매도인의 입장을 강화하고, 협상 과정에서 매수인의 행동을 기반으로 더 나은 협상 조건을 추구할 수 있습니다. 또 다른 특징은 예비 매수인이 집을 보면 볼수록 처음의 냉랭한 태도에서 매우 친절한 태도로 바뀌는 모습을 볼 수 있습니다. 이러한 상황도 집이 마음에 든다는 뜻입니다. 항상 매수인이 집을 볼 때는 행동들을 유심히 관찰하는 게 중요하다 할 수 있습니다.

집을 본 후 구매 의사가 생기면 공인중개사를 통해서 여러 가지 조건과 가격을 제안하게 됩니다. 이때 중요한 부분이 바로 가계약금을 요청하는 것입니다. 일부 매수인들은 정확한 마음의 결정 없이 가격 협상을 제안하기도 합니다. 이때, 가계약금은 매수인이 실제 구매 의지를 검증하는 데 중요한 역할을 합니다. 가격 협상을 제안하는 매수인에게 가계약금을 요구함으로써, 진정한 구매 의사를 확인할 수 있습니다. 단순한 구두 협상보다는 가계약금을 받고 협상할 때 더 실제적이고 구체적인 결과를 얻을 수 있으며, 이는 매도인에게 유리한 상황을 만들어 줄 수 있습니다. 가계약금을 통해 매수인이 신중하게 구매를 고려하고 있음을 확인할 수 있으며, 이는 협상 과정에서 매도인의 입장을 강화하는 요소가 됩니다. 매수인으로부터 받은 가계약금은 구매 의사의 진정성을 확인하는 동시에, 매수인과의 협상에서 더욱 실질적인 우위를 확보할 수 있습니다. 결국, 가계약금의 요구는 매수인의 진심을 확인하고, 거래의 확실성을 판단하는 중요한 수단이 됩니다. 이러한 과정은 거래가 더 원활하고 효과적으로 진행될 수 있도록 도와주며, 매도인과 매수인 모두에게 보다 확실한 거래 의사를 확인 하는 과정입니다.

또한, 집을 공인중개사무소에 내놓을 때, 가격 책정의 일관성도 매우 중요합니다. 매매 가격이 일관되지 않으면 매물에 대한 신뢰성이 떨어지고, 거래에 있어 부정적인 영향을 끼칠 수 있습니다. 따라서 매도인은 가격을 책정하고 제시하는 과정에서 잠재 매수인과 공인중개사를 포함한 모든 사람에게 일관성을 유지해야 하며 동일한 정보를 제공해야 합니다. 이러한 행위는 매물의 신뢰도를 높이고 거래 과정을 투명하게 하여 협상과정에서 유리한 위치를 선점할 수 있게 합니다. 그리고 일관성을 유지하는 것은 거래 과정에서 발생할 수 있는 오해나 불필요한 혼란을 최소화하며 판매 가능성을 높여 줍니다.

또 다른 전략으로 흔히 사용되고 있는 '엥커링 효과'를 이용하는 전략도 거래에서 큰 성과를 발휘합니다. 초기에 상대적으로 높은 가격을 제시하고, 이후 필요에 따라 가격을 조절함으로써, 매수인에게 가격 인식을 유리하게 조정할 수 있습니다. 이 방법을 통해, 매수인은 부동산의 가치를 원래보다 높게 평가하게 되며, 이는 매도인이 원하는 조건에서 거래를 성사시킬 가능성을 높여줍니다. 엥커링 효과를 활용함으로써, 매도인은 매수인의 가격 기대치를 초기에 설정한 높은 가격에 맞추고, 그 후에 이루어지는 가격 협상 과정에서 유리한 위치를 확보할 수 있습니다. 이러한 전략은 매수인이 부동산에 대해 더 긍정적인 인식을 갖게 하며, 최종적으로 매도인에게 더 나은 가격으로 거래를 성사시킬 기회를 제공합니다.

　그리고 집을 방문하는 매수인들의 의견을 공인중개사를 통해 확인하는 것은 매우 중요한 과정입니다. 매수인들의 피드백은 내 집의 강점과 약점을 이해하는 데 큰 도움이 되며, 이를 통해 필요한 개선점을 찾아낼 수 있습니다. 이런 피드백은 집을 더욱 매력적으로 만들어, 더 좋은 조건에서 거래를 성사시킬 수 있습니다. 매수인의 의견은 집의 가치를 최대화하는 데 필수적인 정보를 제공하며, 이는 매도인이 시장의 요구와 기대를 충족시키는 방향으로 집을 개선할 수 있는 기반을 마련하게 됩니다. 따라서 공인중개사를 통해 매수인의 피드백을 주기적으로 수집하고 분석하는 것은 매도인이 집의 매력을 높이고, 최종적으로 더 나은 가격과 조건에서 거래를 성사시키는 데 중요한 역할을 합니다. 이 과정은 집을 매수인의 기대에 부응하는 개선을 통해 시장에 더 잘 맞추고, 거래 가능성을 높이는 전략적 접근 방식으로 작용합니다.

　집을 팔 때 조심해야 할 부분이 있습니다. 바로 직거래입니다. 직거래는 매도인에게 여러 위험을 불러올 수 있습니다. 매도인이 직접 매수인과 만나 협상을 진행할 때, 종종 전문적인 협상 기술이 부족하여 매수인에게 협상에서의 우위를 제공할 수 있습니다. 이러한 상황은 매도인에게 불리하게 작용할 수 있습니다. 반면, 공인중개사를 통한 거래는 매도인을 대신하여 전략적인 협상을 진행할 수 있는 전문가가 개입함으로써, 매도인의 이익을 극대화할 수 있는 조건으로 협상할 기회를 제공합니다. 이는 매도인에게 훨씬 유리한 결과를 이끌어낼 수 있습니다. 공인중개사의 개입은 매도인에게 협상 과정에서 전문적인 지원을 제공하며, 이로 인해 매도인은 자신의 이익을 보호받고 최적의 거래 조건을 확보할 수 있습니다. 따라서 매도인은 가능한 공인중개사를 통해 거래를 진행하는 것을 권장합니다. 공인중개사의 도움을 받음으로써, 매도인은 협상 과정에서 발생할 수 있는 위험을 최소화하고, 거래 과정을 보다 원활하고 효과적으로 진행할 수 있습니다.

성공적인 판매를 위한
최종 조언

 '집팔고'는 부동산 매매를 원하는 사람들과 중개업소를 효과적으로 연결해주는 혁신적인 플랫폼입니다. 이 플랫폼을 통해 매도자는 앱이나 전화로 매물을 쉽게 접수할 수 있으며, 고객 성공 관리자(Customer Success Manager)가 직접 방문하여 매도자의 궁금증을 해소하고 상담을 제공합니다. 제공된 상담 정보는 이후 다양한 지역의 공인중개사에게 전달되어, 매물이 보다 넓은 범위의 잠재 매수인에게 노출될 수 있도록 하는 서비스입니다.

 이러한 과정은 매도자에게 어떠한 비용 부담도 없는 무료 서비스로 제공되며, 전문적인 지원을 통해 부동산 거래 과정을 보다 간편하고 수월하게 만들어 줍니다. '집팔고'는 매도인이 자신의 부동산을 효율적이고 효과적으로 판매할 수 있도록 지원함으로써, 다양한 배경을 가진 사람들과의 만남을 통해 풍부한 경험을 쌓고 있습니다. 이 플랫폼은 매도자와 매수자 모두에게 이익이 되는 방식으로 부동산 시장의 투명성과 접근성을 높이는 데 기여하고 있습니다.

저자는 어린 시절 가족의 영향으로 부동산에 관심 갖게 되었고, 직장인이 되어 본격적으로 부동산 투자를 시작했습니다. 하지만 부동산을 판매하려 할 때 여러 어려움을 겪었습니다. 판매 과정이 원활하지 않았고, 직장 생활과 부동산 투자를 병행하며 충분한 시간을 할애하기 어려웠습니다. 이러한 문제는 판매 기간이 길어지면서 더욱 심화했습니다.

전통적인 부동산 판매 방식을 시도했지만 큰 효과를 보지 못했습니다. 이 경험을 바탕으로 저자는 부동산에 대한 지식을 더 깊이 배우고자 대학원에서 석사 학위를 취득하고 중개사무소에서 근무하기 시작했습니다. 근무하며 중개사무소의 열악한 환경과 비효율적인 시스템을 목격했고, 중개사들이 매물 부족으로 어려움을 겪고 있다는 것을 알게 되었습니다. 현대인들이 중개사무소의 영업시간에 맞춰 매물을 내놓기 어렵고, 중개사들이 물리적 한계로 인해 새로운 매물 확보에 어려움을 겪는다는 사실을 깨달았습니다.

　이러한 문제를 해결하기 위해, 판매자와 중개사를 효율적으로 연결하는 시스템이 필요하다고 확신하게 되었습니다. 그 결과, '집 팔고'를 창업하여 판매자와 중개사 간의 연결을 용이하게 하고, 부동산 매매 과정을 혁신하는 데 기여하고 있습니다. 부동산 매매에서 빠른 판매를 위한 핵심은 매물을 가능한 많은 곳에 내놓는 것입니다. 여러 곳에 매물을 내놓을수록 매매 성사 가능성이 기하급수적으로 증가합니다. 이는 매물을 내놓는 부동산의 규모나 친분 여부와 관계없이, 매물의 노출 범위를 넓히는 것이 판매 속도에 결정적인 영향을 미친다는 것을 의미합니다.

　부동산 매매 과정은 본질적으로 마켓 플레이스에서의 확률 게임과 유사합니다. 매수인이 특정 매물을 어떤 부동산을 통해 찾게 될지 예측하는 것은 사실상 불가능하기 때문에, 매도인은 가능한 많은 곳에 자신의 매물을 내놓아야 합니다. 이는 매물의 노출 범위를 넓히고, 매수인과의 만남의 기회를 극대화하는 전략입니다.

　과거의 부동산 중개 경험에서 얻은 통찰에 따르면, 매매 성공은 대부분 우연과 매수인이 직접 중개 사무실을 찾아오는 것에만 의존합니다. 강제로 매물을 소개한다고 해서 계약이 성사되는 것이 아니며, 실제로 원하는 매수인이 매도인이 매물을 내놓은 곳에 접근하는 경우가 더 드뭅니다. 따라서, 부동산을 빠르고 높은 가격에 판매하고자 한다면, 매물을 가능한 한 많은 곳에 내놓는 것이 최선의 전략입니다. 이 방법은 매물의 노출 범위를 최대화하여 잠재적인 매수인과의 만남을 증가시키며, 결과적으로 매매 성공 확률을 높이는 가장 효과적인 방법입니다.

부동산 시장의 동향과 중개 과정의 복잡성으로 인해, 매도인이 시장의 모든 가능성을 파악하기는 어려운 일입니다. 부동산을 판매해본 경험이 있는 매도인이라면, 중개사무소에 매물을 내놓았을 때 중개사들이 자신만이 매매를 담당하려고 매도인을 설득하는 상황을 겪었을 것입니다. 중개사들은 종종 그들의 말솜씨를 이용해 매도인으로부터 신뢰를 얻고 매물을 확보하려 합니다. 이는 중개사의 직업적 역량의 일환으로 볼 수 있습니다.

중개사들이 매물을 단독으로 취급하려는 경향은 그들의 수익을 극대화하기 위한 자연스러운 전략에서 비롯됩니다. 이 과정에서 매도인의 이익보다는 중개사 자신의 수익 증대가 우선시될 수 있습니다. 그러나 매도인의 이익을 진정으로 고려한다면, 매도인에게 매매 기회를 최대화하고 매물의 노출 범위를 넓히는 방향으로 조언하는 것이 바람직합니다.

매도인이 부동산 매매 과정에서 보다 많은 선택권과 정보에 접근할 수 있도록 지원하는 것이 중요합니다. 이는 매물을 다양한 채널과 여러 중개사무소를 통해 광고하고 내놓음으로써 실현될 수 있습니다. 이러한 접근 방식은 매도인에게 더 넓은 시장 접근성을 제공하고, 결국 매도인의 이익을 극대화하는 결과를 가져올 수 있습니다.

현재 마케팅 시대의 흐름에 맞춰 생각할 때, 부동산 매물을 여러 곳에 내놓는 것을 부정적으로 보는 시각은 분명히 시대에 역행하는 발상입니다. 현대 사회에서는 제품이나 서비스를 가능한 넓은 범위에 알리기 위한 다양한 채널을 통한 광고와 마케팅이 필수적입니다. 이는 온라인 광고가 모든 상품의 필수 요소가 된 시대적 배경과도 일치합니다. 이와 달리, 부동산 시장에서 매물을 최소한의 경로로만 제한하고, 독점적 관리를 통해 이익을 추구하려는 경향은 현대의 마케팅 전략과 대조적입니다.

실제로 상품과 서비스의 성공적인 판매는 광고와 마케팅 없이는 어려운 것이 현실입니다. 시장에서의 경쟁력 확보와 더 많은 잠재고객에게 도달하기 위해, 적극적인 마케팅과 광고가 필요합니다. 부동산도 예외는 아니며, 매물을 다양한 채널을 통해 광고하고 여러 중개사와의 협력을 통해 매매 성공률을 높이는 전략이 필요합니다. 이는 매도인의 이익을 극대화하고, 동시에 부동산 시장의 건강한 발전을 촉진하는 방법입니다.

따라서, '나만의 독점 매물로 맡겨달라'는 요청이 진정으로 누구의 이익을 위한 것인지 고민해보아야 합니다. 부동산 거래에서는 때때로 중개사의 노력과는 별개로, 운이나 인연 같은 비합리적인 요소가 큰 역할을 할 수도 있습니다. 이는 매물을 넓게 노출시키고 다양한 기회를 모색하는 것이 얼마나 중요한지를 다시 한 번 상기시켜줍니다. 결국, 매도인의 이익과 부동산 시장의 건강한 발전을 위해, 매물을 가능한 많은 곳에 노출시키는 것이 최선의 전략으로 보입니다.

집팔고는 확률을 높이는 플랫폼으로서, 한 번 이용한 분들은 감사하다고 연락이 오기도 합니다. 매도인들은 집을 내놓고 연락이 오지 않으면 불안함을 느끼는데, 여러 부동산에서 관심을 가지고 연락이 오는 것만으로도 마음에 안정감을 줍니다. 속담에 '방귀 뀌다 똥 샀다.'는 말이 있습니다. 많은 부동산에서 관심을 가지다 보면 그로 인해 매매가 이루어지는 것입니다.

많은 이들이 '집팔고'를 통해 그동안 팔리지 않던 부동산이 비교적 빨리 매매가 성사되었다고 전합니다. 이러한 성공 사례의 근본적인 이유는 특정한 전략이나 개인의 능력이 뛰어나서가 아니라, 올바른 방향성을 선택했기 때문입니다. '집팔고'의 접근 방식은 단순하지만, 효과적인 전략에 기반을 두고 있습니다. 다수의 공인중개사무소에 매물을 동시에 내놓음으로써 거래의 확률을 자연스럽게 높이는 것입니다. 이 방식은 매물의 노출 범위를 대폭 확장시키고, 다양한 잠재 구매자에게 도달할 기회를 제공하여 결국 매매 성사로 이어집니다. 따라서, 성공의 비결은 복잡한 전략이 아니라, 올바른 방향성 선택과 광범위한 노출에 있음을 알 수 있습니다.

물론 몇몇 부동산이 소수의 중개업소에만 매물로 내놓았음에도 불구하고 빠르게 판매될 수가 있습니다. 이러한 상황은 우연의 결과일 수도 있으나, 대부분 시장 가격보다 낮게 책정되어 판매되기 때문일 수 있습니다. 그러나 매도자 대부분은 자신의 부동산을 시장 가치보다 낮게 판매하길 원하지 않습니다. 자신의 부동산을 가능한 최고의 가격에 판매하고자 하는 것은 매도자의 당연한 기대입니다.

따라서, 빠른 판매를 위해 단순히 가격을 낮추는 전략보다는, 부동산의 적절한 가치를 인정받으며 판매하는 것이 더욱 중요합니다. 이는 매도자가 직면한 주요 도전 중 하나이며, 이를 해결하기 위해서는 전략적인 접근이 필요합니다. 매물을 가능한 많은 채널에 내놓고, 매물의 장점을 적극적으로 마케팅하며, 시장 동향을 면밀히 분석하여 적절한 가격 책정을 하는 것 등이 포함됩니다. 이와 같은 접근은 매도자가 자신의 부동산을 시장 가치에 맞는 최적의 가격에 판매할 기회를 높이며, 결국 매도자의 이익을 최대화하는 결과를 가져올 수 있습니다.

전세나 월세로 생활권 내에서 이동하는 경우는 흔하며, 이는 주로 아이들의 교육이나 생활 인프라의 편리함 때문에 발생합니다. 그러나 매매는 다르다고 생각합니다. 매매를 통한 이동은 보통 더 큰 목적이 있을 때 일어나며, 이는 매도자와 특정 지역의 중개사와의 장기적인 관계 형성을 보장하지 않습니다. 그럼에도 불구하고, 많은 사람들이 한 번 거래를 진행한 공인중개사에게 다시 기회를 주곤 합니다. 이는 익숙함과 신뢰 때문일 수 있습니다.

하지만, 그 집을 처음 사준 부동산이 다시 팔아줄 확률은 낮습니다. 인연과 기회는 예상치 못한 곳에서 발생하며, 한 번의 거래 이후에는 그 지역의 해당 중개사와의 관계가 대개 끝나는 것이 일반적입니다. 사람 관계에 유효기간이 있다고 생각하듯, 일생에 몇 번 발생하지 않는 부동산 거래의 인연도 짧을 수 있습니다. 따라서, 한 번의 거래에 너무 매달리지 않는 것이 좋습니다. 새로운 기회와 가능성에 눈을 돌리며, 다양한 공인중개사들에게 기회를 제공하는 것이 바람직합니다.

이는 고객 서비스의 질을 향상시키고, 공인중개사 시장의 기득

권 유지와 불공정 행위를 방지할 수 있습니다. 신규 중개사가 겪는 어려움 대부분은 소수에게만 매물을 맡기는 태도에서 비롯되며, 이러한 관행을 재고하는 것이 중요합니다. 다양한 곳에 매물을 내놓음으로써 더 나은 가격과 조건을 얻을 수 있으며, 이는 모든 이해당사자에게 이익이 됩니다. 공정한 기회의 제공은 부동산 거래 과정을 개선하고, 모두에게 만족스러운 결과를 가져올 수 있습니다. 따라서, 매물을 한정된 중개사에만 맡기는 태도를 재고하는 것이 중요합니다.

그 지역에서 활동하는 다양한 공인중개사들에게 매물을 공정하게 배분함으로써, 매도자는 더 많은 기회와 선택지를 갖게 됩니다. 이는 거래 성사 확률을 높이고, 원하는 시기에 원하는 금액으로 부동산을 판매할 기회를 제공합니다. 변화된 부동산 시장에서는 매물을 다양한 곳에 내놓음으로써 더 빠르고 더 좋은 가격을 얻을 가능성이 커집니다.

우리 모두가 이러한 변화를 받아들이고, 공정한 기회의 제공을 통해 더 건강하고 경쟁력 있는 부동산 시장을 만들어나가야 합니다. 이는 단지 매도자와 매수자, 중개사무소에만 좋은 결과를 가져오는 것이 아니라, 전체 부동산 시장의 신뢰성과 투명성을 높이는 데도 기여할 것입니다.